卖爆

爆款文案
卖货训练手册

弈棋 著

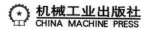
机械工业出版社
CHINA MACHINE PRESS

如果你的产品卖不出去，即使做广告效果也不好，那可能是你的销售文案写得不够好。在自媒体时代，即使是不知名的自媒体人通过好的文案和传播手法，也能吸引大量的粉丝。一些企业利用文案四两拨千斤，获取了大量客户，并实现成交。

一篇好文案抵得上 100 个销售高手。本书从市场调研、标题、开头、品牌故事、产品卖点、使用体验、客户证言、促进下单、修改文案等几个方面详细阐述了爆款文案卖货的底层逻辑，并对爆款文案进行拆解，手把手教你如何低成本将产品卖爆。

图书在版编目（CIP）数据

卖爆：爆款文案卖货训练手册／弈棋著. —北京：机械工业出版社，2022.5
ISBN 978-7-111-70723-3

Ⅰ.①卖…　Ⅱ.①弈…　Ⅲ.①广告文案-写作　Ⅳ.①F713.812

中国版本图书馆 CIP 数据核字（2022）第 078491 号

机械工业出版社（北京市百万庄大街22号　邮政编码100037）
策划编辑：解文涛　　　　责任编辑：解文涛
责任校对：薄萌钰　　　　责任印制：李　昂
北京联兴盛业印刷股份有限公司印刷

2022 年 7 月第 1 版第 1 次印刷
145mm×210mm · 9.375 印张 · 3 插页 · 163 千字
标准书号：ISBN 978-7-111-70723-3
定价：69.80 元

电话服务　　　　　　　　　网络服务
客服电话：010-88361066　　机 工 官 网：www.cmpbook.com
　　　　　010-88379833　　机 工 官 博：weibo.com/cmp1952
　　　　　010-68326294　　金 书 网：www.golden-book.com
封底无防伪标均为盗版　机工教育服务网：www.cmpedu.com

推荐序

文案是值得你干一辈子的事业

很多人认为写文案就是写一个活动通知，写一张宣传单，写一条朋友圈。这种看法也对，也不对。

在大众的眼里，"文案"就是"文字的集合"，只要是写一堆文字，就是他们眼里的写文案。

Toto[⊖]这本书中所讲的文案是专业文案。专业文案在英文中叫 copywriting，文案作者叫 copywriter，而 copywriter 的定义是：坐在键盘后面的销售员。

如果你想成为一个文案作者，那么你首先需要有一个意识：你是一个销售员。

一个合格的文案作者，首先应该是一个合格的销售员，只不过他在销售时所使用的武器是文字。

这是绝大多数外行人、初入文案这一行的新手所不知道的。因为 Toto 这本书的很大一部分读者并不是职业文案作者，所以我需要和大家讲清楚文案是怎么一回事。

⊖ Toto 是作者的笔名。

文案的价值超出大多数人的想象。

在 Toto 的书中，他讲到一个案例：一篇文案推出去之后，一个晚上的订单超过 7000 单，总销售额超过 140 万元。他们一晚上赚的钱，超过了他一年的工资。

我和很多每天都发朋友圈、经常更新短视频、经常写微信公众号文章的朋友谈到文案有这样的效果的时候，对方会和我说："我没想过。"

这时候我会问朋友："你知道一篇文案需要花多少时间来完成吗？"

朋友答："半天？一天？三天？"

我说："一般不会少于一周，有时候甚至需要半个月或者一个月。"

朋友回答说："啊？要花这么长时间去写一篇文案啊？"

我说："当然了，花两周写的文案，能用三年、五年，并且每年能产生 200 多万元的销售额，你愿意吗？"

朋友说："啊，我真没想过！"

正是因为你没有想过，所以你得好好了解一下文案。

著名的广告人大卫·奥格威就是从写文案开始他的广告生涯的，在数十年的广告生涯中，他从没停止过写文案。在受雇于 Aga 厨具公司时，他就写了一本厨具推销手册，被称为"有史以来最好的推销员手册"。文案写作是他的基本功，如果没有文案写作能力，他就无法成为全世界最优秀的广告人。

在国内外的广告公司、战略营销公司中，文案写作能力都被认为是最重要的能力之一。一句广告语往往价值百万元甚至几百万元。我最早是写长文章的，对于一个主题，我觉得没有几千字根本写不清楚。但是在开始接触文案之后，我发现一个令我不得不面对的事实：文字越少越值钱。

"怕上火喝王老吉""营养还是蒸的好""今年过节不收礼，收礼只收脑白金"……每一句都是价值百万元甚至数百万元的文案。

当然，Toto 的这本书讲的主要是长文案。他在书中提到了小红书、微信公众号、知乎等平台的文案销售结果，但他在书中讲的更多的是"以不变应万变"的文案写作方法。市面上有很多关于文案写作的方法论，但一般只能适用于某个特定场景，比如微信公众号场景，当你到知乎、小红书等平台再去应用时，那些方法论就会失灵。Toto 在这本书中讲的不一样，他讲的是"以不变应万变"的方法论：在 100 年前的报纸时代适用，在现在的微信公众号、知乎、小红书等平台适用，在未来将出现的其他平台依然适用。在 Toto 的书中，文案其实只是连接产品与用户的一个工具，要想写好文案，你至少需要掌握两个核心要素：第一，用户洞察；第二，产品洞察。文案只是将你对用户和产品的洞察，以用户更容易接受的文字形式呈现出来而已。

　　Toto用这种底层逻辑加案例解读的讲述方式，让他的方法论具备了更长久、更普遍的适用性。比如几十年前还有直邮广告，也就是通过一对一给用户寄信的方式达成销售结果，在现在这个时代已经几乎没有人再阅读报纸杂志以及通过信件传递信息，但是如果在这个时代，你真的能掌握一对一沟通与销售的技巧，反而能产生更加神奇的效果：每个人都在一对多群发，而你在一个一个地与用户沟通，让用户更能感受到你的真诚，你就更容易获得用户的信任，拿到订单，以及赢得真正信任你的铁粉。

　　Toto是这个领域的专家——虽然他还非常年轻，但相比很多从业时间更长的文案作者，Toto在文案的研究上极度专注。在和他的交流中我能感受到，他在文案领域的榜样是克劳德·霍普金斯，我相信他能成为国内文案领域的领军人物——足够年轻，足够专注，还有极强的目标感。很少有人同时具备这三个素质。

　　多年来，我一直从事写作和文案工作，很多人认为写作和文案工作是艺术创造，不像开车、做饭、烘焙那样有清晰、完备的步骤，可以帮助一个人在确定的时间段，通过确定的方法，达到相应阶段的能力水平。他们认为从事写作和文案工作需要天赋和灵感，想获得这方面的能力是可遇不可求的。在我的认知里，如果你想成为金字塔顶端的人才，天赋是必备要素，就比如乔丹和科比之所以能成为篮球之神，只靠勤奋还不够，他们同时具备天赋。但是如果你想学做菜，就不需要有天赋，只需要按照正确的方法去练习，就一定能学会。在我眼里，文案写作能力也如此：对于极少数人而言，这是一项艺术活动，但对于绝大多数人而言，这是一项职业技能。绝大多数人可以按照特定的步骤、方法，在一定的周期能够达到的一个确定性的水准。

我在创办"一把钥匙"时，写下了自己的使命：让每个人拥有一技之长。Toto 是我在文案写作这个领域中所碰到的第一个具有相同理念的人：文案写作是一种职业能力。他的理想之一是创办一所文案学院，培养文案人才。我们甚至开玩笑地说，未来当我创办写作学院时，我是院长，他来当文案系主任。文案本身就是一个复杂的体系：广告文案、品牌文案、产品文案、长文案、短视频文案……在我所接触的公司中，无论是品牌方还是服务方（包括营销公司、广告公司、公关公司等营销公司），文案人才都很稀缺。

人才的成长，就像树的成长一样，必须经历相应的周期，才能达到相应的状态。

文案领域的职业人才同许多行业的职业人才一样，也是比较缺乏的。Toto 的这本书以及他的文案课程能帮助很多新入行的人提升文案写作能力，成为合格的乃至优秀的文案人才。我推荐你一定要认真阅读这本书，同时认真践行。毕竟，文案是写出来的，不是读出来的。只要持续写、持续实践，那么你一定可以写出精彩的文案。在美国，有非常多的人将文案当作自己的终身职业，并通过文案写作实现了财务自由，同时获得了相当高的社会地位。如果你喜欢文案、热爱文案，那么文案绝对是值得你干一辈子的事业。

师北宸

"一把钥匙"创始人

梨花写作书苑教育合伙人

凤凰网科技频道前主编

前　言

如果你正处于事业转型期，极其渴望增加一份收入；

如果你是一家大公司的职员，但已经厌倦了打工赚钱的生活；

如果你在经营自己的门店，但每个月的营业额还不够交房租；

如果你已经是一家公司的老板，但公司业务始终徘徊不前，你需要给公司注入新的活力；

那么，这本书正是你所需要的。

你能想象吗？即使你躺在海边的沙滩上玩手机时，也会有众多的人争相购买你的产品，向你的账户里打钱。这一切都是因为你刚才在酒店里花了两个小时，写了一篇3000多字的文案。

现在，深呼吸一下，然后告诉自己，在没钱没资源的情况下，也能够出现下面这些梦想中的场景：

快速把产品卖爆，你的产品也可以像华为、小米那样，刚一上线，就被抢购一空。

3 ~ 5倍地提升公司业绩，总有猎头打电话挖你。

低成本地获取更多的客户，不用打价格战，就有源源不断的客户主动上门。

……

那怎样才能让这些梦想变成现实呢？其实很简单，你只需要写一篇文案就可以。

这篇文案就像你给一位老朋友写的信，读起来轻松愉快，却在不知不觉中让别人爱上你的品牌，并渴望立即购买你的产品。

广告领域里有一种传统的销售工具，叫作销售信，即很多人口中的销售文案。这是一种像信一样比较长的印刷广告。

这些销售文案的字数可能有 3000 字、5000 字，甚至更多。早期，这些文案被印在报纸上，或者被打印出来装进一个信封里，通过快递员邮寄到客户家里。客户阅读之后，通过汇款或者打电话订购产品。

早在第一次世界大战之前，罗伯特·科利尔就用这种形式卖出了上亿美元的书籍，那时候 1 亿美元的购买力远远超过现在 10 亿美元的购买力。

这种赚钱方式已经默默地存在了上百年，如今的移动互联网把它的能量瞬间放大了 1 万倍、10 万倍，甚至 100 万倍。

在当今这个时代，我们要怎么做呢？

很简单，就是准备一篇高转化率的文案，找到有大量用户的渠道（微信、抖音、知乎、小红书……），采取付费或者分佣合作的方式将文案发布出去，然后等待收钱。

卖货就是这么简单。当然，前提是你得有能打动客户的销售文案。

1 篇销售文案抵得上 100 个销售员。当你在一个渠道打造出一篇好的销售文案时，就如同在流量入口放了一台自动收款机，它可以 24 小时开动，不停地帮你赚钱。

读到这里，你可能会问：写一篇销售文案很难吗？销售文案表面上看起来很简单，但实际上涉及心理学、营销学、行为认知学等各方面的知识，想要写好并不容易。

小小的销售文案中藏着很多看不见的"坑"，如果没有内行人拉你一把，你可能要花费几年时间才能爬出来。

这本书可以教给你一套模板式的销售文案写作流程，教你如何激发人们内心深处的欲望，促使他们消费。

本书没有高深的理论，书中内容全部来源于我的实践经验以及真实的案例。读完本书，你就可以写出高转化率的销售文案。

目 录

第 3 篇
N：框架——写成初稿

第 4 篇
T：理性——修改优化

XV

第 5 篇
F：感性——充满情怀

第1篇

入门

第1章

卖爆一款产品，只需一篇文案

2017 年 11 月某日的凌晨 1 点，朋友发来一篇文案预览："兄弟，最后再检查一遍，没有问题就确认了。"

我当时运营着 3 个微信公众号，每天都要推送 4 篇以上的文案。但对于我而言，那天晚上的文案事关重大。我翻看了好几遍，没有任何问题，但是一直不敢确认。3 分钟过去了，5 分钟过去了，我犹豫不决，忐忑不安。

因为这篇文案是我几个月来精心筹划的，我对它寄予了很大的期望。当时我并不知道，这篇文案彻底改变了我的命运。

我家里以前比较富有，后来父母做生意一直亏本，到我大三时，家里的钱基本上亏光了。

这些都不算什么。真正给我当头一棒的，是 2016 年春节的一场意外——过年前一个月，我妈在医院检查出了脑肿瘤。

这场意外几乎瞬间击溃了我们。我们四处筹钱做了手术。万幸的是手术还算成功，但从此以后，所有的生活费、学费都需要我自己来筹集了。

回到学校后我开始找工作，心中唯一的希望是拿到大公司的高薪职位，改变家里的窘境。结果我辛苦准备的求职，全部都没通过。

那段时间，每天早上读英语时，我浑身就会止不住地颤抖。我只有握紧拳头不停向空中挥舞，连喊十几遍"要坚强、要坚强"，身体才能恢复正常。

没能进入大公司，我决定在写作上面下功夫——我听了一场演讲，一个大V靠写文章实现了财务自由。

所以从那时起，除了找工作，剩下的时间我都在宿舍里看书、写文章，一年下来我看了100多本书，写了几十篇文章。当时我满脑子想的都是做个人IP。

在我最艰难的日子里，导师打来电话，问我："你想不想要一份年薪30万元的工作？"原来，一位做外贸的师兄看了我的文章，很欣赏我的文笔，想邀请我做合伙人。我们聊了好几次，非常投机。

但是犹豫再三之后，我拒绝了师兄的好意。

因为，我还是想自己写作，我觉得我一定能成功。对于当时的我来说，这是人生中的一次赌博，用自己和家人的命运在赌，赌我所热爱的东西能否带给我未来。

又过了一周，我全身上下只剩下 2000 元钱，我咬了咬牙，花 1700 元报名了一门新媒体线下课。

也就是在那门课上，我遇见了坤龙老师，我现在的合伙人，我加入了他的公司，从此开始了我的创业之旅。

为了节省房租，我在公司附近租了一个床铺，三室一厅的房间里挤着 20 多个人，每天早晨上厕所都要排队。为了早点离开那里，我尽可能地留在公司看书学习，两个月的时间里看完了半面墙的书。

幸运的是，我们当时开发的线上课程很快就大获成功，我不仅拿到了工资，还拿到了课程销售提成。

然而好景不长，没过几天我哥就打来电话，"爸昨晚因为脑出血住院了"。我哥已经彻底慌了，"爸也倒下了，我们该怎么办？"……还能怎么办呢……我安慰他说，不要怕，还有我在。

安顿好家里之后，我和哥哥进行了分工，他辞职在家照顾父母，作为家里唯一的经济支柱，我必须刻不容缓地出去挣钱。

然而天不遂人愿，我们公司搬到北京去做新项目，进展不顺，一直在赔钱。最惨的时候，公司的账上只有 5 万元。

这时候一个朋友找到我，拜托我写一篇推广文案。在我还没有答应他之前，他就已经给渠道方（投放推广文案的微信公众号）交了 10 万元的推广费，并且告诉我写文案没有费用，但我们可以按照销售额进行分成。

这就是本章开头提到的那篇文案。它不仅关系着 10 万元的推广费，更关系着我未来的生活。

因为只要成功了，我们就能卖爆一款产品，就会有不菲的收入，整个家庭的命运也会自此改变。

一夜成交百万元

我最终下定决心，告诉朋友："没问题，推吧。"

随后，渠道方点击了推送，几秒钟之内，就把推广文案推给了数万台手机。

5 分钟后，朋友告诉我："没有成交的单子。"

10 分钟后，朋友打电话过来询问："怎么回事，到底哪里出了问题？"

又过了一会儿，终于有了一个订单，然后第二个、第三个订单接踵而至。每次我点击"刷新"按钮时，都会收到更多订单提醒。"您有一个新的订单""您有一个新的订单""您有一个新的订单"……

1 个小时后，朋友发微信过来："推广费收回来了。"看到这里，我才敢去睡觉。

第二天早上起来，我打开手机一看，已经成交 7000 多单，总销售额达到 140 多万元。我们这一晚上赚的钱超过了我一年的工资。后来，我们就继续用那篇文案在其他渠道进行投放。

在一年多前，我还不过是一个四处求职被拒，要负担全家人的医药费、生活费，每天生活在焦虑中的应届毕业生。而在一年后，我不仅还清了家里的债务，还为父母买了新房，成为业内受人尊敬的 Toto（我的笔名）老师。

在那篇文案大获成功之后，公司的业务也越做越顺，我们策划的文案效果一次比一次好，不断带给我们惊喜。

然而我们当时却并没有意识到，我们的方式有多么特别。

直到有一次，我们帮助一个朋友策划了一篇品牌冷启动的文案，在第一天就卖掉了 30 万元的曲奇。她说："这要是放在传统线下渠道，得铺多少家店面、安排多少个销售员、做多少次促销才能达到这个销量？"

那时我们才意识到，我们所掌握的方法和技巧，真的会帮助不少人。渐渐地，很多朋友也开始邀请我们去做顾问和咨询。

问的人多了，我和合伙人坤龙索性在 2018 年成立了一家叫媒老板的培训公司，和大家分享我们的经验。在没有花一分钱做推广的情况下，我们在业界一炮打响。

2020 年，我从媒老板获客学堂离开，创办了一家机构叫弈棋文案学堂，专门来推广我的文案课程。

学习了我的课程以后，很多学员都取得了惊人的成绩，按照我教的方法写出来的文案，比业内常见的文案的转化率要高很多。

有一位学员是做中考体育培训的，他上完课后用 3 天写了一篇文案。说实话，他的文案的语言很一般，但是成功地抓住了客户的需求和痛点，虽然他的文案的阅读量还不到 1000，但是一周内成交了几十万元。

有一位学员是卖代步车的，本来我以为代步车的客户面很窄，很难推广，结果他用我课上讲的方法写了一篇推文，一个月内就成交了近 20 万元。一年下来，他用不到 10 万元的推广费，成交了 300 多万元。

……

不论是在早期的微信公众号，还是在现在的短视频平台上，我都可以把产品卖爆，通过我的卖货文案成交金额达 2 亿元。另外，我还培训了上千名学员，他们所创造的销售额也已经过亿元。

我的学员来自各行各业，包括婚恋咨询、房地产经纪、体育训练、编程开发、理财课程、农产品推广、瑜伽教学、珠宝销售、脑科学训练、探险旅游等。

最重要的是，我的学员绝大多数都是初创企业的老板。对于小企业而言，上亿元的销售额是一个不小的数字。

你也能做到

开诚布公地说，我并不打算写一本快速致富经。

的确，我要与你分享的东西，看似在一夜之间，能给很多人带来销售额的爆发式增长。但在这一切的背后，有一套系统的方法可循。

我将这套方法称为 SNTF 文案系统。我写作本书的目的，就是为你揭开爆款卖货文案的秘密，向你展现卖爆一个产品的系统步骤。

而且，你几乎不需要投入多少资金，在自己家的餐桌上就能工作。

相信自己，你也能做到！

第 2 章

SNTF，4 个步骤助你卖爆产品

———

如果你问我，现在从事文案写作，依然可以变现吗？无论何时，我的答案都不会改变。

100 年前如此，今天如此，100 年后依然如此。

我相信，听了我今天要讲的故事，你就会明白为什么我的答案如此肯定。

价值连城的销售信

销售信的出现，来自传奇广告人——克劳德·霍普金斯的灵感。

1890 年，刚毕业的霍普金斯加入了必胜[⊖]，成为一名记账员。每天除了记账之外，他还要扫地、擦玻璃、送信、

———

⊖ 必胜是北美百年家居清洁品牌。

送报。

那时候，霍普金斯最大的野心，就是吃一块楼下小饭馆里的甜饼，"最好能够想吃多少就吃多少"。

但是因为没钱，所以每天下班后，他都以最快的速度跑过那个饭馆，跑出那条街，冲到自己的床上——只有这样，食物的香味才追不上他。

幸运的是，因为异常努力，他只用了 9 个月就升职做了会计部主管，薪水也从每个月 40 美元涨到每个月 75 美元。

不幸的是，踏入职场 9 个月，他的职位就没有晋升空间了。

当时，公司里收入最高的是销售员，出于羡慕，霍普金斯开始琢磨为什么销售人员能拿那么多工资，最终他搞明白了——在公司里，会计人员是花钱的，销售人员是赚钱的。

销售人员能给公司带来收入，所以能分享公司的利润。因此他决定要从花钱的部门调去赚钱的部门。

必胜创立于 1876 年，在那时已经是一家相当不错的公司。

当时负责给必胜做广告的，是那个时代的广告业领袖，约翰·鲍尔斯，他每年收取必胜 12000 美元做报酬。

关于鲍尔斯有很多传奇故事，例如下面这个故事。

匹兹堡的一家服装企业濒临倒闭，他们找来了鲍尔斯。鲍尔斯很快地分析了一下形势，然后说："只有一个办法，就是讲真话，告诉大家你们快要破产了，通过大量的甩卖来补救。"

服装企业的负责人不同意，他们怕这样讲了以后，所有债主都找上门来。鲍尔斯说："要么按我说的做，要么我走。"

第二天他们就发布了一条广告："我们快要破产了。我们欠了12.5万美元的债务，我们还不起这笔钱。这个消息会让我们的债主跑过来掐住我们的脖子，但是如果你们明天来我们这里买东西，我们就有钱给他们了。否则，我们就彻底完了。以下是我们为此给出的特别价格……"

最后，这条广告成就了一个奇迹，成功地引起了人们的同情心，成千上万的人像潮水一样涌去购物，这家公司得救了。

可以说，鲍尔斯是名副其实的广告大神。应必胜老板的邀请，他为必胜写了一本宣传小册子。写完之后，经理把这本册子发给公司的员工学习。

谁也没想到，这位广告大神居然遭到了一个记账员的挑战。

霍普金斯翻看了一下这本小册子，然后就把它扔在了桌子上，说："这样卖不出东西。这本册子里没有一个字能打动家庭妇女。"

别人问他为什么，霍普金斯说："他对吸尘器一无所知，他也没有研究我们的经营状况，他更没花时间研究家庭主妇对吸尘器的要求，所以他不了解我们的问题。"

接着霍普金斯说："给我 3 天时间，我回去写一本册子，你们来和这本小册子比较一下。"

听完这句话，所有人都笑了。

结果呢？霍普金斯熬了两个通宵，真的写了一本册子交了上去，所有人看了之后，都同意替换掉鲍尔斯的册子。为此，公司甚至跟愤怒的鲍尔斯打了一场官司。

自此，霍普金斯更加"变本加厉"。

在一个圣诞节前夕，走在回家的路上，他突然萌生了一个想法——与其上门推销吸尘器，不如通过写信的方式，招揽人们来订购。

他的建议遭到了经理的嘲笑——之前从没人干过这种事。

"到大街上去卖你的吸尘器吧！"经理说，"唯一能把吸尘器卖掉的方法，就是用枪把人逼到墙角让他签订单。如果你觉得仅靠写封信就能把东西卖出去，我觉得很可笑。"

不过霍普金斯没有放弃，他信心满满。他说服老板发几千封信试一下。

最终，霍普金斯一共寄出了 5000 封销售信，收到了约 1000 张邮寄过来的订单——20% 的转化率！而他也因此成功地从"花钱部门"转到了"赚钱部门"。

后来霍普金斯又写了一封销售信，在 3 个星期内卖出了 25 万台吸尘器！相当于公司平时一年的销量，平均每天卖出 1 万多台。要知道在 1890 年，吸尘器还根本不是一种普及的生活用品。

"我靠着邮资只有一分钱的销售信，卖出的吸尘器比我的 14 位同行加起来还要多。"正是在霍普金斯的帮助下，必胜才逐渐发展为北美吸尘器第一品牌，市场占有率超过 95%。

后来，霍普金斯成为那个时代最富有、最传奇的广告人之一（在霍普金斯的帮助下，很多企业都成了行业第一）。当然，这些都不是最重要的。

最重要的是，正是那个时候，销售信诞生并开始大规模流行起来，深深地影响了广告行业，并且在接下来的 100 多年里，文案大师们通过销售信为各类产品带来了令人惊叹的销售额。

正如霍普金斯所说的——我们是在跟家庭妇女打交道，而不是在和机械师打交道。他放弃了去讲"清扫程序、旋转支撑架"这些操作方法，而是为家庭妇女提供了能带来快乐的圣诞礼物。

霍普金斯的销售信看上去很简单，但其中的逻辑在今天依然不过时。在阅读完这本书之后，你再回过头来看霍普金斯的销售信，想必会有不一样的体会。

文案不会过时，每个时代都有大师

故事讲完了，回到本章开始的那个话题。在这个时代，销售信依然不会过时，依然会给你带来巨大的成功。

在这 100 多年中，无论是通过报纸、信件、电子邮件、博客，还是通过社交媒体、短视频，都涌现出无数的大师，用文案为各类产品带来令人难以想象的销售额。

在 20 世纪二三十年代，邮购专家霍尔德曼·尤利乌斯的图书销量达到 2 亿册，他的书都是一些简单的小书，每本书的售价都是 5 美分。

乔瑟夫·修格曼只靠着一支笔、写出几句话，就卖出 1000 多万副抗蓝光太阳眼镜、3000 多台单价高达 600 美元的弹珠台，甚至以原价在杂志上卖掉二手飞机……没有什么是他卖不动的！

盖瑞·亥尔波特曾经写过一封 "世界上最赚钱的营销信"，这封信仅仅 350 个字，却让他收回了 1.78 亿美元，并从中赚了 589 万美元。后来他把这封信的所有权卖给了一家公司，售价 7000 万美元。

……

很多如今站在金字塔尖的大品牌，在它们刚刚推出的时候，也是通过销售信获取成千上万的忠诚客户，最终成为大品牌的。

同样，现在很多通过文案推广成长的品牌，未来也会成为人们眼中的大品牌。就以现在的国货品牌 HFP（国内专业护肤品牌）为例，它的成长，离不开前几年在各个渠道所做的文案推广。

直到今天，我们仍然在虔诚地学习和模仿大师们的作品，不会因为时代不同、文化不同、产品不同而有所改变。

这是因为，卖货文案的底层逻辑没有发生本质的变化，并且这一底层逻辑在穿越百年之后越发有生命力！

SNTF 文案写作法

巨大的市场需求也推动了文案教学的快速发展，本书很可能不是你看过的第一本文案书，但是市面上的文案书大多存在以下两个问题：

一是沉浸在碎片化的技巧里，比如个别语句的修辞写法、零散的销售技巧等。

二是过于理论化，常常搬运一些商学院的理论，难以落地。

这会导致你看似学了很多东西，却永远像在盲人摸象。

一篇好的文案能让 100 个产品卖断货，而 100 篇差的文案却卖不动一个产品，这其中差的是一套系统性的打法。

写文案是一个系统工程，每一步骤都需要精心设计，最终引导客户成交。

前文我讲过自己的故事。在写出那篇文案之后，我仍然持续不断地练习，在经历了一次次的成功和失败之后，我总结出了一套 SNTF 文案写作法。

所谓 SNTF，是 Sensing（感觉）、iNtuition（直觉）、Thinking（理性）、Feeling（感性）四个单词的缩写。

SNTF 来源于 MBTI 人格理论，是创始人伊莎贝尔根据人的性格差异，总结出的一个解决问题的模式，而我则是把它应用到文案写作上，并且融入了一些理论和技巧，形成了一套系统的方法论。

本书后面的内容也是按照 S、N、T、F 四个部分来设计的。

S：细节——洞察用户

1. 市场调研

2. 文案策划三要素之用户需求

3. 文案策划三要素之解决方案

4. 文案策划三要素之行动成本

N：框架——写成初稿

5. 标题

6. 开头

7. 品牌故事

8. 产品卖点

9. 使用体验

10. 客户证言

11. 促进下单

T：理性——修改优化

12. 修改文案

13. 影响力的 8 个要素

F：感性——充满情怀

14. 信任公式

15. 沟通的 3 个要素

下面就正式进入 S 篇，学习如何洞察用户，做文案策划。

卖爆

爆款文案卖货训练手册

第 2 篇

S：细节——洞察用户

第 3 章

市场调研

　　我在做文案课程、写文案书时曾做过调研，研究大家最想了解的文案知识有哪些。

　　结果出来后，我发现大家最想了解的是如何做市场调研。

　　在写一篇文案时，你要做的第一件事，就是尽可能深入地了解产品或服务，最终目的有以下两个。

1. 制定文案策略

　　没有调研就没有发言权。当你调研清楚后，具体的文案策略如何制定，你就胸有成竹了。

　　只有最笨的文案写手，才会不做调研，自己一个人坐在那里绞尽脑汁地想创意。这样想出来的创意，大概率也是不能落地的。

2. 积攒文案所需的素材

　　文案新手最经常遇到的问题是，写文案时头脑一片空白，不知道写什么。之所以会出现这种问题，主要是因为前期准备的素材不够。

在市场调研的过程中，你会逐渐积累起一个庞大的资料库，里面有各种概念术语的解释，以及相关的图片、文章、竞品广告、文案的样本等相关资料。

这些资料就是你打赢"文案写作"这场仗最好的"武器"。如果你没有做好市场调研，那就相当于赤手空拳上战场，自然就会很容易"光荣牺牲"。

在和大家分享如何做市场调研之前，我们先来看一段霍普金斯做市场调研的故事。

那个让家庭主妇"疯狂"的男人

在成为知名广告人后，受到阿尔伯特·拉斯克尔的邀请，霍普金斯加入了洛德暨托马斯广告公司，两个人合作创造了多个营销史上的奇迹。

也正是霍普金斯所写的广告文案，使得洛德暨托马斯广告公司成为当时最大的广告公司，拉斯克尔也成了世界上最富有的人之一。

但是，长年累月的工作也使得霍普金斯的身体垮了。医生告诉他，要治好病，唯一的方法就是回家休息。

于是霍普金斯就趁机回到乡下养病，甚至打算从此告别生意圈。"我要过一种平静的生活。"在乡间的霍普金斯，整天就是晒太阳、睡觉、玩耍，以及喝牛奶。"我是快乐的人中最快乐的一个。"　（当然也是因为赚了足够多的钱……）

然而这种平静的生活持续了 3 个月就被打破了。拉斯克尔打来电话，让霍普金斯一定要回去一趟。

回到公司，拉斯克尔给霍普金斯看了一份合同，那是范·坎普食品加工公司的合同，金额是 40 万美元，只有一个条件——保证交给范·坎普先生的文案能让他满意。

"我在全国征集文案，花了几千美元，没一份能用的。"拉斯克尔对霍普金斯说，"我想请你帮我创作 3 篇文案。现在，你就可以让你的妻子沿着密歇根大道走下去，从街上随意挑一辆车，我买单。"

在拉斯克尔的劝说下，霍普金斯屈服了，开始为范·坎普创作这篇文案。当然，他做的第一件事，就是开始调研。

当时，范·坎普售卖的产品是猪肉大豆罐头，他们遇到最大的问题是，他们的产品和其他猪肉大豆罐头一样，没什么区别。

霍普金斯在范·坎普的加工厂调研时，工人们拿出 6 个品牌的罐头进行盲测，在场没一个人能说出哪个是范·坎普的罐头。可见，范·坎普的罐头是真没什么优势。

不过，霍普金斯还是找到了机会。他发现：94% 的家庭主妇，都是自己在家做猪肉炖大豆。只有 6% 的家庭主妇，愿意接受罐装的豆类产品。

然而当时所有猪肉大豆罐头的广告，都在拼命争抢那6%的人，他们的广告都只是在叫卖："买猪肉大豆罐头，就选我的品牌。"

霍普金斯凭直觉意识到，这是一个机会。

于是他针对这94%的主妇继续调研，发现其实她们在外吃饭，也会经常点猪肉炖大豆。"很明显，比起家里做的，这些人也更喜欢吃外面加工好的猪肉炖大豆。"

因为如果想吃这道菜，主妇们就要先自己在家烘烤豆子。而受当时条件所限，大豆比较难烘焙，所以家里做的肯定不如外面的好吃。

调研到这里，霍普金斯已经很清楚要怎么做了，他要紧追那94%的家庭主妇——教她们怎样轻松改变习惯，改用猪肉大豆罐头，而不是自己烘焙豆子。然后再告诉她们，范·坎普的猪肉大豆罐头是所有猪肉大豆罐头中最好的解决方案。

于是霍普金斯围绕这点开始写文案，用他的话说——掀起了一场反对主妇自己在家烘焙豆子的活动。

他在文案中写道，在家自己烤豆子需要16个小时，费时费力。他拍摄了一组在家里烤的豆子的特写——上面烤酥了，下面烤煳了，烤得极不均匀。并且他严肃地告诉消费者："自己在家烘焙的大豆，放久了容易变酸，而且还不容易消化。"同时，他拍了一组工厂烤的大豆的特写作为对比——那些豆子都是完整、圆润的。

他还讲了范·坎普的工厂怎样挑选豆子——全都来自特别优质的土壤；工厂有专用蒸汽炉，大豆在 245 度高温下烘烤，没有一个是干瘪、破碎的，烤制得十分均匀；最后还使用了特制密封容器生产制作，所以香味也不会流失。

在文案的最后，他还提出愿意提供免费样品，供消费者免费品尝、比较。"你一定要亲自体验一下，看看是否真有我说的那么好。"

这篇文案极其成功。家庭主妇们不再在家里烤制大豆了，纷纷去购买范·坎普的罐头。

回答 6 个问题，做好市场调研

故事讲完了，下面我们来谈一谈，写文案前做市场调研的具体方法。

在拿到一个产品，做市场调研时，重点是要弄清楚下面这 6 个问题。

（1）谁在购买这款产品？

（2）客户遇到了什么问题？

（3）客户在寻找什么样的解决方案，之前尝试过哪些解决方案？

（4）客户最终为什么会选择你的产品？

（5）客户在使用产品的过程中遇到了哪些问题？有哪些使用场景？

（6）客户最终会获得哪些好处？

在找到这6个问题的答案后，你的文案策略也就清晰了。我们一个一个来看。

1. 谁在购买这款产品

首先你要了解，你的核心目标客户是谁，也就是哪些人在购买你的产品，或购买类似的竞品。你要清楚知道他们的性别、年龄、地域、兴趣爱好等。

先来说性别。不要告诉我你的产品男女都可以用，天下人都是你的目标客户。男女都可以用你的产品，不代表男女的转化率都是一样的。

比如说面膜，男女都可以用，但是女生的转化率会比男生高。所以你的核心目标客户是女性。

再来看年龄。18～24岁的女性和25～34岁的女性对面膜的需求一样吗？

不一样。年轻女性的主要需求在补水、美白等方面，而年长女性的主要需求在抗老、祛皱方面。

还有一个重要的差别，就是不同年龄段的人群的支付能力和关注点不一样。

比如你在卖一款面膜，客单价为300元左右，这个价格决定了25～34岁的职场白领是你的核心目标客户，那么你的文案内容就要针对这些人来写。

接着说一下地域。地域不同，客户对产品的喜好可能完全不一样，尤其是一些季节性产品。例如，榴梿上市时，在南方好卖，在北方就会差一些。

我之前一直很不理解，为什么二三线城市的白领收入并不高，但是老有人说他们的消费能力很强，后来通过调研才明白。

二三线城市的白领大都是城市土著，跟父母住一起。他们不用付房租，通勤费用也低，早餐和晚餐在家吃，伙食费也不会很高。但他们在大公司上班，收入却不会很差。所以，他们能把大部分钱都用在消费上，也就是可支配收入高。

最后再说一下兴趣爱好。在如今多元化的社会中，有各种亚文化圈如电竞圈、汉服圈、凯迪拉克车主圈等。相同的产品在不同的圈子的转化率是有很大差异的。

总之，将这些维度进行综合，你最终就会找到核心目标客户群体，我们称其为第一客群。

一般情况下，你会找到好几个客群。如果几个客群之间的需求差异不大，那你提供的产品和服务就不用做区分，可以采取一种营销策略去推广。

如果这些客群间的差异非常大，他们的需求场景截然不同，或者是你要提供不同的服务和产品，那你就要针对每一个客群，制定一种单独的营销策略。

当然，你首先要攻克核心目标客户。

在前面的猪肉大豆罐头的案例中，霍普金斯最成功的地方在于，他选了一个正确的战场——争取94%自己做饭的家庭主妇，而不是那6%接受罐头的家庭主妇。

霍普金斯没有像那些同行一样，拼命告诉那已经在吃罐头的6%的家庭主妇，"买猪肉大豆罐头，就选范·坎普"，而是转身面向那94%的家庭主妇，告诉她们："你们在家做的猪肉炖大豆不好吃，来吃猪肉大豆罐头吧！"

2. 客户遇到了什么问题

在明确了目标客户后，你还要了解客户到底遇到了什么问题，从而促使他去购买产品。

这里最关键的一点，是弄清楚客户对问题的认知程度，看他是否对自己的问题有深刻的认知。

对于吃喝拉撒这种简单的问题，客户很了解自己的需求。这时候想要影响和说服客户就很容易。但对于一些复杂问题，就没有那么容易了，比如公司经营、夫妻感情、家庭教育等。

我之前给一对学员做咨询，他们是夫妻，一起创业。公司前几年发展得不错，但是最近陷入了困境。他们自己认为是流量问题，但当我深入了解之后发现，并非如此。

他们最大的问题是夫妻相处问题已经严重影响到公司

的日常经营。

团队一起开会时，丈夫在台上讲 PPT，妻子在台下抱怨；换妻子上去讲了，丈夫在下面摇头叹气。好几次两人差点当众吵起来……会议室里的人十分尴尬，唯有他俩不自知，还在暗暗较劲。公司内部也逐渐分成两个派系。

"这哪是什么流量问题，这是夫妻关系问题啊……"我委婉地向他们提过几次，可以考虑两个人各开一家公司，分开经营。这个问题如果不解决，公司的问题很难解决。

但他们都不觉得夫妻关系是问题的根源："夫妻吵架乃是家常便饭，真正的问题是流量问题，你帮我们处理流量问题就行……"我果断抽身而退。

当客户对自身的问题没有一个清晰的认知时，你很难说服他去购买相应的产品和服务，做出明智的决策。

所以此时，文案的重心就要放在教育客户上，你必须让他先深刻认识到自己的问题，他才有解决的动力。否则你是劝不动他的。

其实对于同一个问题，客户的认知也会有深浅。例如，我之前卖过一款名为 SKG 的颈椎按摩仪，售价是 499 元。

你说服一个普通人花 499 元买这样一个产品，他会觉得没必要："脖子不舒服，我自己扭一扭就好了嘛！"但如果他认识到自己经常头晕是颈椎病的症状，困扰他已久的失眠也是由颈椎病引起的，那么他的购买动力就会强很多。

这就是我们在做这一步调研时的重点，你要知道目标客户对问题的认知深浅，然后再去制定你的说服策略。

正如在霍普金斯的案例中，那94%的自己在家做饭的家庭主妇现在确实没买罐头，但并不代表她们对罐头深恶痛绝，永远不会买。

霍普金斯通过调研发现，这些主妇在外也会吃猪肉炖大豆，代表她们是有需求的。她们没买罐头的原因，就只是没有这个习惯而已。她们没有认识到自己在家里烘焙其实是一件很麻烦的事。

所以霍普金斯做的，就是让她们意识到这个问题——自己在家里烘焙豆子是有问题的。

因此他在文案开篇中讲了下面这些内容。

要分解豆子的内部纤维，需要很高的温度，而你在家做不到这一点。结果就是你烤出来的豆子，吃完很难消化。

你在烘焙豆子时，烤炉内的空气加热不均匀。这样烘烤出来的豆子，顶部都快碎掉了，而中间部分甚至都烤不到五分熟。

你把豆子的表皮都烤裂了，以至于烤完之后的豆子都是煳的，而不是酥酥的。而真正的烤豆子，每颗都应该是酥酥的。

之后，就算你用番茄酱调味，它也只能包在豆子表面，没办法改变豆子本身没烤熟的味道。

在这个过程中你得花费几个小时，去浸泡、煮沸、烘烤，耗费了那么多天然气，过程烦琐无比。

结果，你最终做出来的豆子还不是很好，白白浪费了很多精力。所以，你觉得一周做一次就够了。

这不怪你。你只是缺少专业的设备。

通过这样一番描述，原本习以为常的家庭主妇，也开始正视烘焙豆子的过程，"好像确实是他说的那样？"

3. 客户在寻找什么样的解决方案，之前尝试过哪些解决方案

当客户真正意识到自身的问题之后，不用你催，他就会主动去寻找解决的办法。

同一个问题，可能有很多种解决方案。你要了解的是，常见的解决方案有哪些，用户对它们的认知、态度如何。

比如说用户脸上长痘，他可能采取的常用解决方案有以下这几种：

（1）什么都不做，让它自己消退。

（2）去医院检查。

（3）买点外用药敷上。

（4）买祛痘的相关护肤品。

（5）采取措施调理保养身体。

这是 5 种截然不同的解决方案，每一个大类下面又有很多细分的选择。比如说买祛痘的产品，可能买祛痘的洗

面奶，也可能买祛痘的精华水。选择了祛痘的洗面奶，又有很多品牌可以挑选。选择了某一品牌，里面又可能有不同的产品……

总之，你要了解的是客户会采取的"解决方案全貌"，不仅要了解清楚这个大框架，还要了解清楚客户对其的认知、态度等。其中最重要的是，客户对你提供的解决方案的认知程度。

假设你是做祛痘外敷药膏的，你的产品效果很好，价格也很便宜。如果你在调研之后发现，脸上长痘的人采取解决方案的占比情况是这样的：

（1）什么都不做，让它自己消退，54%。

（2）去医院检查，5%。

（3）买点外用药敷上，10%。

（4）买祛痘的相关护肤品，25%。

（5）采取措施调理保养身体，6%。

你发现只有10%的人会去买外敷药，请问这是个好消息，还是坏消息？这取决于你的选择。

（1）你可以选择争抢这10%的客户，跟其他外敷药品牌竞争，告诉客户，在这些药中，你的产品价格便宜并且好用。

（2）你可以选择从护肤品那里争夺25%的客户，告诉他们，用外敷药祛痘又快又便宜，而且安全。

（3）你也可以选择争抢那 54% 的客户，告诉他们，脸上长痘又难看又难受，等它自己消退害处很大，而且过几天可能还长。家里常备点外敷药，作用快又便宜。

具体在哪个战场打仗，怎么打这场仗，敌人是谁，就取决于你的调研。《孙子兵法》讲"五事七计""先胜后战"，打仗前你就要想好怎么打赢这场仗。

战场在哪？取决于客户群体的潜力如何，未来增长空间大不大。

敌人是谁？谁跟你争夺这批客户，谁就是你的敌人。

怎么打仗？你要看敌人是怎么宣传营销的，客户买不买账，有没有你下手的空间。

能不能打赢这场仗，核心就是客户对各个解决方案的认知态度。

如果你是做祛痘外敷药的，你不会去争夺医院那 5% 的客户，因为市场太小，而且你的专业性肯定不如医院，也很难抢得过医院。

如果你去争夺祛痘护肤品的市场，市场基数够大，但是竞争对手也多，强者如林。入场前，你要先评估一下自己有没有这个能力去虎口夺食。

这么看来，那 54% 的战场是最值得你争抢的。那你就要看看为什么这批客户稳如泰山，就是不采取别的方案。是没钱，是懒，还是认知不到位？你要如何去说服他们？

（当然，实际情况也可能是，这批客户周围早已群狼环伺，甚至被瓜分得所剩无几了，没有54%这么多……）

无论如何，怎样排兵布阵、制定打仗策略，都是你要通过调研才能知道的。

我曾经进入过一些销售群，发现大家每天讨论最热烈的就是如何"逼单"：怎样现场施压，如何借用领导的名义给折扣，隔三岔五送温暖打感情牌，等等。

很多次客户都已经明明白白提出来了："我家小孩问题是×××，解决方案应该是×××……"可这些都被销售人员忽略掉，还是一股脑让客户放心，今天交钱有优惠……

这就是闭着眼睛上战场，战场在哪、敌人是谁不重要，反正领导把我放在这里，给了我一梭子弹，见人就打就行……

相信聪明的你肯定不会这样，对吧？

在霍普金斯的案例中，他如此有信心打赢这场仗，源自他调研清楚了两点。

（1）94%的主妇不是不愿意吃罐头，只是没有买罐头的习惯而已。证据就是她们去外面餐馆，也会点这道菜。"家里做的没有外面做的好吃"是客户的认知。

（2）各大品牌都在争取那些6%的主妇，他们打的广告都是："买猪肉大豆罐头，就选我的品牌。"没有一个品牌转身过去教育那94%的人："嘿，你自己做的不好吃，尝尝罐头的吧!"这就是他的机会。

客户对罐头这种解决方案不排斥，她们只是不了解，而竞争对手又没有去教育她们。

这么大的一块未被开垦的市场，为什么其他品牌没有发现？因为他们没做好调研。

4. 客户最终为什么会选择你的产品

客户对问题的认知清晰了，也知道了市面上有几种解决方案。接下来，他就要进行比较，寻找最适合自己的产品。

这时，根据客户认知深浅的不同，文案的重心也有所不同。

还是以祛痘产品为例。54% 的客户可能对于祛痘外敷药的认知是很浅的，你要去说服他们：

（1）外敷药很好用，用外敷药比你现在什么都不做要好很多。

（2）在众多外敷药中，你的产品是最适合他们的。

在这两点中，你的重心要放在第一点上，你让他们认知清楚了问题、解决方案后，他们就会对你产生信任，从而会优先选择你的祛痘产品，因为他们对别的产品不了解。关于第二点，你只要简单讲一下就可以。

而对于那 10% 的用户，他们对各个外敷药品牌如数家珍，对里面的有效成分了如指掌。此时，你就不需要再去强调第一点，只需要强调第二点就可以。

相应地，你的说服难度会高很多，客户没那么容易被你"忽悠"了。你得使出浑身解数，证明自己的产品究竟好在哪里才行。

所以你要调研清楚客户到底为什么选择你的产品，你的产品的优势在哪里。

如果你的品牌是老品牌，有庞大的老客户群体，或许其中有一些客户的黏性还很高，那么这个问题很容易搞清楚，你去问他们就好。

但如果你的品牌是一个新品牌，还没进入市场，那你要如何"猜测"客户选择你的理由呢？

这个时候你要搞清楚两个理由：一是客户不喜欢其他品牌的理由，二是客户喜欢跟你的品牌非常相似的品牌的理由（进而推断出自己的优势所在）。

先说第一个理由。如果是线上品牌，你可以直接去翻看对方店铺的评价、微博讨论、小红书笔记等。重点看以下4点：

（1）初次购买原因。

（2）复购原因。

（3）使用过程中感受明显的地方。

（4）吐槽、抱怨的地方。

这 4 点中往往蕴藏着你的市场机会。

多说一句，很多人往往会想当然地认为客户初次购买产品的理由和复购的理由是一致的，实际上未必。

我之前调研过一款葛根木瓜营养粥，它是一款代餐粉，主要是代替早餐用的。品牌方宣传的主要卖点也是营养丰富。而客户复购的理由却与营养丰富风马牛不相及，她们觉得葛根、木瓜能丰胸……

再看第二个理由。如果你的产品是新产品，还没上市，那么你就要找到客户喜欢类似产品的理由。

例如，我之前卖过一款酵母面膜。在这款面膜上市之前，市面上的酵母面膜已经很多了，所以我只需了解客户为什么选择这类面膜，就能知道我要打哪些卖点了。

继续回看霍普金斯的案例，他争夺的那 94% 的家庭主妇原本采取的方案是"自己在家做"。那么霍普金斯只要证明两点即可：

（1）你自己在家做的，不如我的罐头好。

（2）在罐头品牌里，我的最好。

所以他在文案中直接对比了自己在家烤豆子（就是前面那段引文）和工厂烤豆子的区别。

我们会把自己的烤箱加热到 245℃。每个烤箱中会放入一个温度计，从而保证其热度恒定不变。我们会将豆子烘烤 90 分钟。

这样的高温能打破豆子的内部纤维，所以吃完以后非常容易消化。而如果是家用烤箱的话，温度稍低一点，都做不到这一点。

我们在流通着蒸汽的金属罐中烘烤豆子，这样豆子受热更均匀，烘烤出来的豆子颗颗饱满，没有一个豆子被烤煳或者烤裂。

我们会把豆子烘烤至酥状，但由于它们形状完整，所以会像坚果一样。

我们将豆子、番茄酱和猪肉混合到一起烘烤，最终烤出来的味道非常美味。

我们支持随时送货上门。你只需要把罐头在热水里泡10分钟，然后打开，你就可以享受到热腾腾、新鲜的美味了。

在你和家人品尝如此美味的产品后，一定会每天都想吃范·坎普牌罐头。所以，你可以在家里多储存一些，以备随时享用。

接着，他讲了范·坎普牌罐头和其他品牌罐头的差别。

范·坎普牌猪肉大豆罐头——用番茄酱烘烤而成

如果不品尝一下范·坎普牌的烘焙豆，你就永远不知道自己错过了怎样的美味。

范·坎普牌猪肉大豆罐头所用的豆子都是纯天然的，营养价值高，价格却比肉便宜很多。

它既开胃，又营养丰富，也因此是大家都喜欢的食物。

所以，它应该成为一道家常菜——而不是偶尔才吃一次。

当你了解范·坎普这个品牌后，你就会食用更多这个品牌的产品。

我们花了 3.45 美元

我们本可以购买每桶 75 美分的番茄汁，但我们却选择花 3.45 美元购买成熟的番茄，自己做番茄酱。

这两者的区别在于：便宜的番茄酱是用颜色发青的西红柿（在运输过程中慢慢变红）制作的。这样的番茄酱颜色会很浅。

还有一些人用罐头加工厂剩下的番茄渣做番茄酱，这样的番茄酱营养价值会大打折扣。

而我们只选用在藤上熟透的西红柿来做番茄酱，在它们成熟后，才采摘下来。

这样一来，我们向客户提供的就是极致的口感。这种味道，只有在大自然中才能产生。

我们在制作这种番茄酱上花费的时间，要比买现成番茄酱花费的时间多得多。但是，如果你尝过之后能够体会到那种惊喜，那我们的投入也就值得了。

我们花了 2.1 美元

我们本可以购买每斗 30 美分的便宜豆子，但是我们愿意花 2.1 美元来购买我们要使用的豆子。

我们选用的是密歇根的豆子，因为那里的独特土壤能培育出好吃的豆子。不仅如此，我们又从这些豆子里手工挑选出长得最好的豆子。

并且我们只选用使用玉米饲养的猪的肉。

这就是超市里有很多罐头品牌可以把价格做到很低，也能够从中盈利的原因。

我们已经花了47年的时间来完善这道美食。如今范·坎普牌罐头已经成为世界上销量最大的罐头食品。

有3种价位可供选择：分别是10美分/罐、15美分/罐、20美分/罐。

霍普金斯讲的这些，其实对手都知道，很多人也是这样做的。但他们却没有一个人把这些讲出来，"他们都认为这种故事实在太平常了"。

在这篇文案推出之后，竞争对手开始跟进这个策略，但因为范·坎普是第一个这样做的，其他人的跟进只会被认为是拙劣的模仿。

5. 客户在使用产品的过程中遇到了哪些问题？有哪些使用场景

经过前面几轮的攻势，客户招架不住终于买了你的产品，但我们的调研可不能到此为止。

你还要进一步了解，客户在使用产品过程中遇到了哪些问题，以及具体在哪些场景中用到了你的产品。

先来说问题。以我之前卖过的酵母面膜为例，客户在使用面膜的过程中，可能会遇到以下这些问题：

（1）客户不知道一天要用几片。

（2）客户不知道一次可以敷多久。

（3）客户不知道敷完面膜之后，留在脸上的精华要不要洗掉。

（4）客户不知道面膜是否可以和其他产品同时用。

对于一些常见问题，你可以直接在文案中回答出来，尤其是那些会影响销售的问题，要提前在文案中解决掉。

敷面膜还只是一个比较简单的事情，如果涉及企业经营、家庭关系咨询等复杂一点的事情，则了解客户遇到了哪些问题尤为重要。

以媒老板获客学堂为例，我们做培训时，很看重的一个指标叫成才率，就是有多少学员上完课后，能真正应用在实践里，做出成绩（我们定义的成才指标很简单：3 个月赚回学费）。

通过调研我们发现，在实操中最常遇到的问题是：老板和员工的沟通配合问题。

老板懂，员工不懂，员工觉得老板瞎指挥。

员工懂，老板不懂，老板觉得员工想得太多。

总之，就是沟通断层。

培训课程可以分为两种：一种是针对执行层的，主要以技能类为主，我们称之为"术"；另一种是针对管理层的，主要是模式、战略等，以宏观概念为主，我们称之为"道"。

在学习这两种课程的学员中，老板不喜欢听执行中婆婆妈妈的细节，而员工会觉得商业模式很虚，彼此都会在对方的课堂上昏昏欲睡。

但企业想要变革，需要上下一心。老板和员工同上一堂课，同时改变观念、提高技能，这样回去执行推进的效率是最高的。

这对课程设置而言是一种考验。也因此，我们后来做了课程改革，使其变得更适合团队一起来学习。老板听完战略趋势，看着下属在课堂上把执行方案做出来，会很开心，员工也有方向，回去再推进会容易得多。

上面所说的这些我们都会写入课程销售文案中。

说完了问题，我们再说场景。你要去调研客户使用你的产品的具体场景，这样做有助于准备写文案所需的素材。

很多人在写文案时，都会犯一个致命的错误——文案里居然没有自己产品的使用场景图片。

哪怕你的产品再怎么容易使用，也要确保你的文案里有产品的使用场景图。尤其是当你的产品使用起来特别复杂时，更要准备一些动图来进行展示。

比如我之前卖过一款洗衣凝珠。原本洗衣服时，你需要依次放入洗衣液、消毒水、柔顺剂、护色片等，现在只需要丢进去一颗珠子就够了，方便很多。

这时，你通过动图的视觉对比，就会更加突出这种便利性。

6. 客户最终会获得哪些好处

好了，现在客户知道了自己面临什么问题，买了你的产品，你也成功地解决了客户在使用过程中会面临的种种问题。

最后，你要调研清楚，客户用了你的产品后到底获得了哪些好处。你要收集这些好处，然后讲给所有没买你的产品的人听。

在这个过程中，你会有两点收获。

一是积累了信心。

可别小看这点，如果你对自己卖的产品没信心，那么你的文案也说服不了客户，你的胆怯会透过你的文字表现出来。

二是能收集大量客户案例，这是你写文案时不可或缺的一部分。

你在写一篇文案之前，一定要确保手上有 10 ~ 20 个客户案例。

这里说的案例，不是一句好评那么简单。你要去追根溯源，深度了解客户使用你的产品的整个过程。每一个案例都是宝藏，往往会给你带来很多惊喜，后文我们会进行详细讲解。

市场调研技巧

最后再简单分享市场调研的 4 个技巧。

1. 亲自调研

做营销的人，一定要亲自调研。不要指望坐在办公室里喝茶，看别人交给你的调研报告就能把事情做好。

2. 每次调研前明确问题是什么

在每次调研前，要拟一份问题清单。在采访目标客户时，要学会控场，把话题引导到你想要了解的问题上去。不要让无关紧要的事情影响你的调研。

3. 不要死板严肃，要保证轻松愉快的聊天氛围

采访客户时，最忌讳的是像老师问学生一样，比如：

"你好，我今天有 3 个问题。我的第一个问题是……好的，我的第二个问题是……"

一定要保证聊天氛围的轻松愉快，不用严格地按照你设定的问题顺序来，根据对方的应答，最终把你想要知道的内容聊出来就行，比如

"啥？那你就真的辞职创业了？你的家人当时没反对？"

"真的假的啊，我姐也有类似的问题，你再跟我详细说说。"

……

4. 做好记录

调研的时候，提前征求对方的许可，将对话进行全程录音，同步做文字记录。如果嫌做文字记录麻烦，事后把录音转成文字即可。

千万不要小看这个记录。我没有灵感的时候，时常会翻看这些资料，这些对话中往往就隐藏着最适合的销售语句。

本章作业

利用本章所讲的内容，针对你的客户做一次深度调研。

另外，看一下毛主席的《寻乌调查》，感受一下什么是扎实的调研。这是毛主席于 1930 年 5 月在江西省赣州市寻乌县做的一次调研，花了 10 多天的时间，写了 8 万字的调查报告。

我第一次看到这份调研报告时就被它吸引了，细致、翔实，是调研报告的经典作品。

第4章

用户需求

————

行为 =动机 +能力 +触发

我遇到过很多想拆解我的文案的朋友，他们看过我的几篇文案，然后就开始逐个拆解每个段落，想要找到其中的奥秘。

然而，他们不知道，文案的奥秘其实在策划环节，而在这一环节一旦犯错就会满盘皆输。有趣的是，这也是人们最容易忽略的环节。

在我们做完市场调研工作后，紧接着就要做策划的工作。

文案策划的主要目的就是制定整个文案的说服策略。就像一名神枪手透过瞄准镜窥视目标一样。在策划环节，就是要找到目标在哪里，然后填装子弹，稳住呼吸，扣下扳机，一击命中。

做策划工作时需要的素材我们在做市场调研时已经全部准备妥当。现在要做的，就是把那些素材进行梳理。

工欲善其事，必先利其器。在策划这个环节，我们也需要借助一个工具。

最近这些年，有一个学科很流行，叫行为设计学——专门研究如何去改变、设计用户的行为。这个学科的泰斗，就是斯坦福大学的福格博士。

福格博士的成名理论是一个公式：$B = MAT$。

B 是行为（behavior），M 是动机（motivation），A 是能力（ability），T 是触发（trigger），即行为 = 动机 + 能力 + 触发。

意思是，你想让用户做一个行为，必须满足三个条件：足够的动机、进行任务操作的能力、触发点（触发点可以简单理解为导火索）。

滴滴出行、优步、脸书等很多大公司都在用这套理论。

例如，优步经常会遇到一种状况，就是司机今天已经接了 80 单，然后不想再接单，准备休息了。但是优步自然希望司机每天接单越多越好。所以这个时候优步会怎么做呢？它可以从以下几点出发。

第一，强化司机继续接单的动机。

司机现在已经接了 80 单，之后的 20 单每单多给 10% 的车费，20 单之后的 40 单，每单再多给 15% 的车费，通过增加每单的提成来强化司机继续接单的动机。（数据不一定准确，但是逻辑没问题。）

第二，提高司机继续接单的能力，减少阻碍。

之前司机在路上，会有一些空驶的时候，现在多给司机派一些金额比较大的单，并且上一单还没结束，下一单就给他安排好了，让司机"来不及"取消。

第三，触发。

假设司机现在接了 105 单，按规定只要他今天接满 120 单，就给他奖励，想要获得奖励，司机就会继续接单。

在文案中也是一样，如果你希望客户完成购买这个行为，那你要给他足够的动机，提高他的能力（降低成本），并且制造一个很有诱惑力的触发因素。这就是文案策略的 3 个点。

这 3 个点也可以称为需求、解决方案和行动成本。需求＝动机，解决方案＝触点，行动成本＝能力。

需求和解决方案好理解，行动成本＝能力怎么理解？

如果客户没有足够的预算，我们没办法给他钱，提高他的支付能力。但是我们可以帮助他降低行动成本——如果客户的预算不够，那能不能分期付款？如果客户担心质量问题，那就让他免费试用 7 天。

需求、解决方案、行动成本就是我们在制定文案策略时要解决的问题。

本章重点讲解需求部分，解决方案和行动成本将在后面的两章中进行讲解。

向我推销这支笔

什么是需求？

《华尔街之狼》里有两个精彩片段——"向我推销这支笔"。

莱昂纳多扮演的主人公在做一场销售演讲，听众是一群西装革履的销售员。他从大衣内侧拿出一支钢笔，然后走到听众前排，弯下腰对他们说："向我推销这支笔。"

第一位说："这是……这是一支很不错的笔。对于专业人士来说，这是一支……"莱昂纳多不耐烦地把笔夺回来，对第二个人说："向我推销这支笔。"

第二位吞咽了一下口水说："这是支好笔，你可以用这支笔记下生活的点点滴滴，这样一来你就能……"话音未落，莱昂纳多转身走向第三个人，继续说："向我推销这支笔。"

第三位说："那个……这支笔很好用，我个人也很喜欢……"

最后没有一个人能把这支钢笔卖出去，莱昂纳多的眼神里充满了失望。

在影片中的另一处，莱昂纳多把一帮街头小混混召集在一起，想要拉他们入伙兜售股票，他向他们提出了一样的问题——向我推销这支笔。

其中一个街头小混混不耐烦地让莱昂纳多在服务员拿过来的消费账单上签字。莱昂纳多双手一摊："可是我没有笔。"

"所以你现在需要一支了。"街头小混混头也不抬，把笔丢过去。

就这样，一群西装革履的销售员怎么都卖不出去的笔，一个小混混轻而易举就卖出去了。

他们的差别就在于有没有找到客户的需求。

我们经常会听到这样的赞叹：李佳琦直播带货一小时成交多少亿元；小米、华为一年卖的手机绕地球多少圈，等等。听上去好像这些主播和品牌都拥有魔力一样，只需挥一挥手，就有无数的人跑过来交钱。

实际上并非如此，营销所发挥出的看似不可抵挡的力量，并不是来自广告文案本身，而是来自市场，来自客户内心根深蒂固的渴望。

人一生当中充满了需求。需求是一种缺乏感，是一种你对某个东西的渴望。

有些是身体方面的渴望，比如渴望苗条、强壮、健康，或者是脸上没有粉刺、身体没有难闻的体味等。有些是物质上的渴望，比如渴望拥有一辆豪车或者一件漂亮的衣服。还有一些是感觉上的渴望，比如渴望喝一杯冰镇啤酒，或是让自己疲惫的身体躺在一张柔软的大床上。

　　用一个词来概括，就是"离苦得乐"，即你想远离一些痛苦，追求一些快乐。当"你想"时，你就产生了需求。

　　但是，很多时候，客户头脑中的需求是模糊的，不清晰也不明确，连他自己也没办法用语言讲出来，或者用图像表达出来。

　　所以，在策划文案时，你要做的就是把扎根于客户心中的希望、梦想、恐惧、渴望提取出来，让这些模糊的东西变得具体化，使其直白地展现出来，然后去刺激和放大客户的需求，让客户现在就想改变现状，或者得到某种产品。

　　那么，具体要如何做呢？简单来说，就是把那些模糊的需求，变成一个个具体化的场景，然后通过文案把这些场景展示给客户看，让客户触景生情，激发其原本就存在的需求。

　　所以，想让你写的文案激发客户的需求，你就要找到能激发客户需求的那些场景。

　　简单来说就是，需求策划 = 找场景。你要把顾客抽象的需求，具体化为一个个场景。

痛苦和美好

　　我们讲"离苦得乐"，所以你要找的场景也自然分为两种：一种是让客户觉得很痛苦的场景，另一种是让客户感觉很美好的场景。

比如你是卖枕头的，你的客户晚上睡不好，第二天早上起来很难受，他要想摆脱这种痛苦。

那你要做的，就是在文案中直白地展现出这些痛苦，让客户感同身受，唤醒客户想要摆脱这种痛苦的渴望。

说实话挺感慨的，前几天我对身边的人进行了调研，大约有70%的人被睡眠问题困扰。不知道你有没有经历过以下这种场景：

沾枕头就睡着，不断做梦，醒来却是昏昏沉沉、浑身无力。

这种情况被称为"垃圾睡眠"，精力得不到恢复，和失眠一样影响健康。

正常人晚上睡觉时会多次变换睡姿，如果枕头只有一种高度，侧躺时你的脖子就悬空了，头部重量就都压在颈椎上，一压就是一整晚。

……

如果早上醒来你发现肩膀酸痛，多半是因为侧睡时枕头的支撑力不够。

我将以上这种场景称为让客户痛苦的场景。

你要告诉客户，想要摆脱这种痛苦，只需要买你的枕头。

在文案策划阶段，你要做的就是找到"早上醒来发现肩膀酸痛"这样一个个痛苦的场景。

你可能会找到很多个场景，在里面选择最让客户痛苦、最经常出现的场景即可。

这是"离苦"，反过来"得乐"也是一样的。你要在文案中展现一些场景，让客户感到十分美好。

你一定想象不到草莓冰激凌和龙舌兰碰撞后的口感。

入口就像草莓裹着奶油，软糯柔滑，很快就滑向喉咙，这时候你突然感受到了龙舌兰的酒味，一点点辣味又泛上舌尖。

独特的口感让这款酒更加与众不同。但不得不说，在17°的酒精浓度下，这样的口感已经是很好的了，不会有太大的刺激感，不知不觉你就会喝到微醺状态。

喝过酒的人应该都知道，喝酒最舒服的状态，就是微醺。

相比于没喝醉状态下的理智，和大醉后的失控，将醉未醉的状态是最好的。

那种感觉就像云朵把你包围，一切都变得软绵绵的，世界像一朵巨大的棉花糖，而你深陷其中。

"软糯柔滑""像云朵把你包围"等展示了客户希望拥

有的场景，刺激客户的购买欲望。

我将以上这种场景称为让客户感觉美好的场景。

我们在策划文案时，就是要找到能刺激目标客户的场景，找到那个"按钮"，只要你按下去，就能让客户产生痛苦或者美好的感觉。

搭一座桥梁

像衣食住行这种清晰、具体的需求很容易找到，但有时你会发现客户对你的产品没有直接的需求。

例如，你是做 PPT 培训的。除非学员的工作内容与 PPT 高度相关，否则他不太可能会花钱去学一门 PPT 课程。

这时你要做的，就是找到一个底层的需求，然后在那个需求和你的产品之间搭一座桥梁。

如何理解呢？你可能从没想过自己需要去学 PPT，但是你一定对赚钱有需求。

在这里我可以告诉你，其实你可以把做 PPT 当成一个副业！

别不信，往下看！

……

接着，我来回答许多同学要问的问题，什么是 PPT 素材设计师？

回答之前，我先问你一个问题：你平时在网络上下载过 PPT 模板吗？

对于大多数职场人来说，你的 PPT 水平 = 你下载的 PPT 模板的水平。

你知道你在创客贴、搞定设计、稻壳儿、懒设计等在线设计平台上面下载的每一套模板、每一页海报，都需有人投稿的吗？

PPT 素材设计师就是为各大在线设计平台提供优质模板的人。一套 6 ~ 20 页的 PPT 模板，稿费大约为 150 ~ 2000 元！

只要你够勤奋，一个月的投稿收入在 5000 元以上完全没有问题。

我也是了解之后才知道，原来 PPT 模板素材市场需求如此之大。

截至 2021 年，国内共有 300 多家在线设计素材交易平台，用户量超过 1.5 亿。

更关键的是，零基础就可以学习，宅在家和下班后都可以做！

比如我们的学员小 A，刚大学毕业一年，她除了拥有自己的本职工作之外，下班时间还为创客贴提供 PPT 模板，主业 + 副业的月收入轻松超过 1 万元！

你对 PPT 制作没有需求，但是你对赚钱非常感兴趣。

当你在寻求能赚钱的副业时，我的 PPT 培训课程就是一个很好的解决方案。

所以，从表面上看我卖的是一门 PPT 培训课程，但实际上我卖的是"一个赚钱的渠道"。

我不需要唤起你对 PPT 制作的渴望，甚至你对 PPT 无比的憎恶都没关系。我只需要唤起你对赚钱的渴望，然后再向你证明，我的 PPT 课程可以帮你满足这个渴望即可。

这样，我就在"赚钱"和"PPT"之间搭建了一座桥梁。

同样地，如果你要卖一门视频号课程，但是客户可能都没听说过视频号，那怎么办？不要紧，因为客户对"赔钱"有恐惧。

各位老板想必都深刻地意识到，现在的生意不好做。

比如开实体店，想多赚钱就得多开店，而多开店，必然要投入更多的成本，包括房租、装修费、物业费、水电费等固定成本，以及工资、铺货费、营销推广费等变动成本。

不仅如此，刚开店时，还不一定有客人来，但照样要付租金，钱还没赚到，成本倒是投入不少。

我们有一个开服装连锁店的学员，在东莞有 200 个门店，新冠肺炎疫情前一个店每月赚 1 万多元，200 个店每月的利润是 200 多万元。

但是，新冠肺炎疫情期间店面的生意受到了影响，一个门店每月亏 3 万多元，200 个店每月的亏损高达 600 多万元，没过多长时间就把好几年辛苦打拼下来的积蓄都亏完了。

现在互联网巨头们也在慢慢涉足线下实体生意，美团、拼多多等入场去做社区生鲜团购。那实体店的生意就更难做了。

同时，客户对"赚钱"有渴望。

深夜，我正要睡觉，收到一名学员发来的消息：老师，我之前积压的货，全部清空了！

她叫清姐，今年 3 月，手上囤了近 10 万元的货，天天发广告愣是一点都没卖出去。

我建议她去开个视频号，通过分销相关课程回笼部分资金，同时将客户引流到个人微信。

她之前从来没有做过短视频，但套用我给的模板，竟然很快就做出了一个爆款视频，播放量 500 多万，点赞超过 10 万，涨粉超过 1.8 万，仅仅是分销课程就赚了86000 元！

不仅如此，靠着视频号引流的 600 多个精准客户，她还把之前囤积的货全部卖完了！

我问她什么感受？

她说视频号真是一个好工具，没想到自己也能体验到一夜爆单的滋味……

你激发了客户对赔钱的恐惧、对赚钱的渴望之后，一根叫"视频号"的救命稻草伸到了客户的眼前，他大概率会去了解一下。

这就是我所说的"搭一座桥梁"。说白了，就是客户对你的产品的需求不是直接需求，你就要找到一个更直接的需求，把二者结合起来。

戴尔·卡耐基有一本书叫《人性的弱点》，书里的第一句话就振聋发聩：

世界上只有一种力量可以影响他人，就是谈论他所想要的，并告诉他如何实现。

与君共勉。

本章作业

根据你自身的情况，去挖掘目标客户的使用场景：3个让他痛苦的场景，3个让他向往的场景。

比如我之前帮别人销售过一款洗衣凝珠，我们通过调研发现，用户使用洗衣液时有 6 个痛苦的场景：

（1）用洗衣液洗衣服，很难将油渍、血渍、笔墨等顽固的污渍清洗干净。

（2）用洗衣液洗衣服，尤其是在南方地区，遇到梅雨季节，衣服长时间晾不干，很容易会产生霉味。

（3）用洗衣液洗衣服，内衣和外衣不敢混洗，衣服上的细菌难免会相互污染。内衣和外衣分开洗，要洗两次。

（4）洗衣液对衣服纤维的伤害很大，所以用洗衣液洗衣服，新衣服洗几次就旧了。

（5）用洗衣液洗衣服，深色衣服和浅色衣服要分开洗，否则会出现串色的问题。

（6）盛放洗衣液的一堆瓶瓶罐罐放在卫生间很占地方，而且使用时经常会漏到手上。

而这6个问题洗衣凝珠刚好都能解决，所以就变成让用户觉得美好的6个场景：

（1）用洗衣凝珠洗衣服，洗得更干净。

洗衣液是99%的水＋1%的原液混合而成的，而洗衣凝珠全部是原液，所以清洁力是普通洗衣液的8倍左右。

（2）用洗衣凝珠洗衣服，香味持久，即使是长时间晾不干也不会产生霉味。

（3）用洗衣凝珠洗衣服，内衣和外衣不用分开洗，不用担心衣服上的细菌相互污染等问题。

洗衣凝珠中添加了杀菌剂，有强有力的杀菌功能。

（4）洗衣凝珠对衣服纤维的伤害很小，所以用洗衣凝珠洗衣服，新衣服不容易洗旧，可以使衣服穿得更久。

（5）用洗衣凝珠洗衣服，深色衣服和浅色衣服可以混洗，不用担心串色问题。

洗衣凝珠中添加了织物护理因子，能够让衣服不容易掉色。

（6）洗衣凝珠存放方便，节省空间。

你也要找到你的产品的使用场景，找到之后，可以跟客户交流一下，看看是否如你所想。

第 5 章

解决方案

————

我在河南省灵宝市长大。在我们那里，有一家小餐馆特别出名，这家小餐馆专门卖一种本地小吃——烧饼夹肉。

在灵宝市，卖这种小吃的餐馆到处都是，但是这家餐馆卖得最火。15 年前，其他餐馆卖 2.5 元一个的烧饼夹肉，这家餐馆卖 6 元一个。即便是这样，每天都有人排队购买，甚至经常有食客专门驱车几十公里从隔壁市区过来，只为一饱口福。

这家小餐馆的老板在打磨卖点这方面做得很好——会把自家产品的优点大力宣扬出来。

他们会利用一切机会，让你知道他们的产品有多棒：他们从不使用冷冻猪肉，他们的烧饼都是现烤的，每个烧饼都有薄薄的 6 层，他们的青椒是现切的，是从乡下运来的青椒，他们的卤汁的秘方已经用了十几年。

他们还会告诉你，他们选用哪种油来烹调，他们的餐馆比其他餐馆更卫生。

他们不会等着你去发现他们的优点，而是主动出击，自卖自夸，让你知道他们好在哪里。

这也是我们本章的主题：如何打磨卖点，即如何把你的产品的好处大声告诉客户。

在第 4 章中我们提到，需求、解决方案、行动成本就是我们在制定文案策略时要解决的问题。第 4 章讲解了需求，本章我们介绍解决方案。

在讲怎么做之前，我们先来看一个故事。

新手也能写出爆款文案

2018 年，我们在广州重新开了一家电商公司，专门做爆品推广，需要产出大量的文案。

我一个人忙不过来，就开始招聘员工。我招聘的第一个文案编辑叫若水，她之前是一家淘宝店的客服主管，从来没写过文案。

她在那家公司已经做了 5 年，刚刚当上客服主管，跟老板的私人关系也很好。我用一顿饭的工夫，把她从原来的公司挖了过来，并且是降薪到岗。

磨合了一段时间之后，若水迎来了她的第一个任务，人生中第一篇正式的文案写作——为一款还没上市的产品，SKG 颈椎按摩仪，写一篇新媒体推广文案。（我们当时是这款产品的新媒体渠道代理商。)

这是一个长得像耳机的按摩仪器,戴在脖子上,按下开关,就会释放电流,按摩脖子,放松肌肉。

当时市场上此类产品很少,而且因为还没上市,所以也没任何销售数据可以参考,一切卖点都要靠自己挖掘。

那时若水还是一个文案新手。我带所有新手的方法就一个——让其听一遍我的课,然后写一篇文案,接着把这篇文案改 10 遍。我认为"写 10 篇文案"不如"把一篇改 10 遍"效果更好。

这篇文案她写了一个月之久,前后总共修改了 6 遍,虽然最终成稿我也不是很满意,但推广效果还不错。在推广的第一天,不到 24 小时成交额就超过了 83 万元。

之后的一年里,我们通过这篇文案成交了上千万元的 SKG 颈椎按摩仪。而这个成绩,是一个刚从客服转岗的文案新手创造的。

现在,若水已经成为我们团队的文案主编,开始带其他的文案新手。

本章要跟大家分享的内容,就是我当时用来教她写文案的方法——NFABE。这是我专门用来打磨产品卖点的方法,也是文案策划三角中的一角——解决方案。

NFABE

NFABE 包含以下 5 点。

概念（Name）：产品的核心概念是什么？

特征（Feature）：产品的特征是什么？

优势（Advantage）：产品的优势是什么？

利益点（Benefit）：产品能给别人带来什么好处？

证据（Evidence）：说得那么好听，你有什么证据证明呢？

你可以从这 5 点出发，去打磨产品卖点。

1. 概念

二流的营销卖产品，一流的营销卖概念。

什么是概念？简单来说这里的概念指的是产品核心特点的浓缩有力的概括。表现出来的形式，可能是产品的昵称，也可能是一个比喻。

将产品核心特点总结成一个概念有两个好处：一是容易记忆；二是让营销更聚焦，将全部发力点集中起来，效果会更好。

（1）概念可以是一个更好的叫法。

Oisix 是日本的一家生鲜电商，之前其售卖的一款白薯叫"山田芋"，它格外好吃，却一直销量不好。后来团队给它重新起了一个昵称，叫"生焦糖芋"。结果销量一下子提升 10 倍之多。

再比如：

SK-Ⅱ面膜不叫美白修护面膜，而叫前男友面膜。

我国云南的著名旅游景点——中甸县，改名为"香格里拉"后，知名度大增，旅游产业快速发展。

……

一个好的概念，能快速地让客户将你和竞争对手区分开来。所以：

别只做一个普通的职场生涯管理咨询师，要成为"超级职场教练"！

别只卖一门普通的文案课程，要将其变成"SNTF 文案系统"！

是的，"SNTF 文案系统"也是一个概念，来帮我更好地销售自己的课程。但我可不是仅仅创造一个概念，我的课程结构、操作步骤完全是和这套系统一致的。

（2）概念也可以是产品的某个特征，或者仅仅是个比喻。

对于前文提到的 SKG 颈椎按摩仪，我当时想的一个概念是"一个随叫随到的'老中医'"，这完全是来源于我的个人经历——每个月要去 4 次按摩店，每次都花费 2 个小时以上。

所以我觉得，如果有一个随叫随到的"老中医"，在家就能帮我按摩，那该多方便。于是我们就在文案中多次重复这个概念，结果证明确实很有效果。

SKG 颈椎按摩仪模拟了中医的多种疗法：针灸、拔罐、刮痧、推拿等，像几个经验丰富的按摩师同时给你服务。根据每个人的使用需求和耐受程度，可以用遥控器选择"自动""舒缓""活力"几个模式。

这样人性化的设计，说是给你请了一个"老中医"，一点也不为过吧，而且是全年无休，24 小时随叫随到。其中"自动"模式适用于日常颈部保健，"舒缓"模式适用于落枕和颈部损伤，"活力"模式则适用于慢性颈椎劳损。

……

每天两次，每次 15 分钟，就能轻松改善颈椎问题。颈部舒服了，心情变好，工作有劲，美好的未来也将近在咫尺。家里有个 24 小时的"老中医"，一定不一样。时而是用力的捶打，时而是阵阵脉冲如轻微触电般的推拿。

……

按照一年 365 天算，平均一天才 1 元钱左右。也就是说你花几次按摩的钱，就可以把一个"老中医"请回家，天天免费给你按摩，还你一个好的颈椎。

想一想，在销售你的产品之前，你能想到什么有趣的概念？

这是产品卖点打磨的第一步，为产品想一个概念。在文案写作中，这一步会比较难，如果实在想不到可以先跳过，后面再回过头来想。

2. 特征

什么是特征？特征就是产品中突出的地方。包括原料、工艺、技术、厂家、产地、品牌、创始人、设计、包装、功能、市场地位、获得的奖项、使用方法、可提供的服务、尺寸等，只要是突出的地方，都可以算作产品的特征。

在卖一款产品之前，你要想好主要从哪几个方面突出产品的特征。例如，卖农产品时，常见的是从品种、产地、种植工艺、创始人、奖项背书、特色文化等方面去讲。

好果当然需要好的孕育环境，这款红心火龙果从台湾引种，在地理位置和气候条件都最接近台湾的福建漳州种植。

漳州西北多山，东南临海，年平均气温 21℃，无霜期达到 330 天以上，年日照 2000 小时以上，得天独厚的地理优势，赋予每一颗果子清甜多汁的魅力！

好环境是火龙果的先天优势，而果农的悉心培育却决定了果子的品质。这款火龙果喜热喜肥，从开花到结果都需大量肥料的供养；挂果时，果农们还会小心翼翼地为其套袋，实现物理防虫的效果，以确保每一颗火龙果都健康成熟。

一枝一果是果农一直坚持的标准，在开花时期把同一枝条上多余的花掐掉，只留一朵结果，以保证每一个火龙果圆润饱满，大小均匀。

卖电商产品时，常见的是从材料、成分、技术、工厂实力、品牌背书等方面去讲。

为了让防晒服真正做到防晒，素湃特意在面料纤维中添加了具有高折光性的纳米二氧化钛（TiO_2），让防晒衣不仅能阻挡紫外线，也能阻挡近红外线。

素湃的防晒功能有多惊人？对于紫外线的防护指数（UPF）达到 600，超出国标 15 倍有余。

我准备了 6 件不同品牌的普通防晒衣，用紫外线检测仪分别测试了它们防护紫外线的能力。

素湃轻轻松松就赢过其他品牌的防晒衣，对紫外线的阻隔率达到了 99.5%。穿上它，你还会害怕阳光吗？就算大夏天去海边，也能玩儿个尽兴！

卖培训课程时，常见的是从课程大纲、教学方法、老师背景、学员案例等方面去讲。

说了那么多，可能你觉得还不够过瘾，我再给你举两个高客单价的例子。

卖珠宝的学员美麟，因为客单价高，用户信任度难建立，所以生意惨淡，半个月没有一单是常事。

这个月她向我报喜，转化率从 7% 提升到 13%！

再来看做理财教育的周秀，因为不太懂得挖掘用户需求，导致招生困难。静茹老师教了他"愿景描述法"后，当天就成交了 4 单客单件 3800 元的学员，其中一个还是在地铁上成交的。

我、美麟、周秀，是和你们一样，都是在获客成本高、转化率不够高的漩涡里挣扎过的人。如果不是跟静茹老师学习了系统的成交话术，可能现在还是每天都在焦虑。

引流再多，没有成交都等于零！

"14 天线上成交训练营"手把手教你突破成交困境，让用户从只问不买到一聊就成交。

卖线下服务时，常见的是从服务流程、服务人员、服务环境等方面去讲。

定制西装的流程一般是：沟通场景需求 – 量体 – 工艺讲解 – 面料选择 – 设计样式 – 打版制作 – 半成品试衣 – 调整成衣。

对于西装来说，量体的精确度直接决定了西服做得是否合身。

很多西装店说是定制西装，实际只是采用套码衣让你试穿，看你能穿几号，再记录哪些地方要修改，并不是真的帮你重新打版。而在 GEE，我们会为每位客户单独打版，甚至对于同一位客户定制的不同款式的西服也会有不同的版。

并且，不同于其他店面，GEE 采用的是独家量体方案：

先进行 TPO（Time-Place-Occasion）标准流程，根据每个人着装不同的时间、地点、场合来选择面料和风格。

再根据着装规则，结合你的气质、身材、情感需求，一对一设计样式。

量体后，我会和裁缝师傅进行沟通，结合你的身材特点，来弥补缺陷、放大优势，让做出来的衣服更贴合身体曲线。在这里，你得到的不仅仅是合身的西装，还有赞赏的目光！

回到 SKG 颈椎按摩仪这个产品，它的特征是什么呢？你现在可以打开淘宝搜索 SKG 颈椎按摩仪，通过它的官网详情页，你可以看到它有以下这几个特征：

（1）全网销量超过 100 万台。

（2）研发团队强大，由 298 位工程师研发了很久。

（3）42 度恒温，放在脖子上，就像热毛巾一样。

（4）像耳机一样，颜值很高。

（5）使用场景多，办公室、地铁、出差途中都可以用。

（6）原材料很好，很轻很薄。

（7）很耐用，充一次电续航 8 天。

（8）档位很多。

（9）可以智能关机。

把你的产品的特征都写下来，记在笔记本里。这是产品卖点打磨的第二步，把产品的特征罗列出来。

3. 优势

当我们谈论产品的优势时，会有一个比较对象。我的产品的某个方面比××产品好，这是我的产品的优势，也是××产品的劣势。很多人犯的错误在于，搞错了比较对象。

这个比较对象，未必是你的竞品。重点不是你想跟谁比，而是客户拿你跟谁比。

我们在市场调研中讲过，客户拿你跟谁比，取决于他对整体解决方案的认知。

如果客户很了解你的产品品类，那么你只需告诉他，你的产品比竞品好在哪里就行了。

如果客户对你的产品所属的品类不了解，那么你要先告诉他，你的产品所属的品类比他熟悉的品类好在哪里，再让他选择你的产品。

我之前卖过稻谷壳做的筷子。筷子是大家熟悉的日用品，所以我在文案中主要是拿我卖的筷子和其他筷子进行对比，告诉客户我所卖的筷子抗菌性能好，不会发霉。

但如果我要把这种筷子卖给外国人，那就不一样了，我该怎么做呢？

首先，我要告诉客户，为什么他应该用筷子吃饭，而不是刀叉；其次，我还要告诉客户，当他选择了筷子而不是刀叉后，他应该去选择稻谷壳筷子而不是其他筷子；最后，告诉客户我的筷子是稻谷壳筷子中的最佳选择。

所以我们选择什么样的比较对象取决于客户的认知程度。

总结一下，如果客户认知浅就对比品类优点。

比如这几年冲牙器很流行，但是大家对冲牙器还不熟悉，所以你不能一上来就拿A冲牙器和B冲牙器进行对比。你要先要拿冲牙器和牙刷进行对比，让人们对这个品类感兴趣之后，再去告诉他们为什么选择你的产品。

牙刷和冲牙器之于口腔健康，相当于饮食和运动之于减肥，需要互相配合才能达到洁牙的目的。

毋庸置疑，牙刷可以清洁牙齿，但是它不能替代冲牙器。

对此我们做了个试验，在假牙上涂上黏糊糊的巧克力酱，随后用牙刷和冲牙器分别清洁。

首先是用牙刷，不管是用电动牙刷还是手动刷牙，牙缝处都是死角。

牙刷清洁后的牙齿，还是有很多黏糊糊的巧克力，甚至还有一些被挤到了牙缝深处。

　　之后看看冲牙器的表现，可以看到用冲牙器清洁的时候巧克力酱"溃不成军"。特别是牙缝和牙齿内侧，用冲牙器冲过之后，和牙刷刷过之后的效果形成了鲜明的对比。

　　而判断冲牙器好坏的标准就是清洁力和安全性，换句话来说就是既要冲得干净又不能伤害牙龈。

　　……

　　反过来，如果客户认知深就对比产品优点。例如，大家对洗发水已经很熟悉了，你要重点讲清楚你的洗发水和其他洗发水的差异。

　　但创业者们明白，与其用华丽的头衔去标榜自己，不如用产品说话——做一款真正不一样的洗发水。

　　说起氨基酸，大家可能对氨基酸洗面奶会更熟悉。由于成本高昂，尤其是国内品牌做氨基酸洗发水的寥寥无几。

　　目前市面上大部分洗发水（包括无硅油洗发水）都是硫酸盐配方。它提取自石油，清洁力强，但同时刺激性非常大，长期使用会损伤头皮和头发，可谓杀敌一千自损八百！

　　而植观⊖用的是优质的氨基酸表面活性剂（提取自椰油），清洁力一样优秀，但是却温和很多，洗完无残留，不会给头皮和头发造成任何负担。

　　⊖　植观是一个洗发水品牌。

坚持使用就能改善头皮环境，从根源上解决头发问题。

而SKG这款颈椎按摩仪在刚推出时，市场上的同类产品也比较少，客户并没有什么认知。所以我们不是和其他品牌进行对比，而是和客户自己在家按摩进行对比：

减少每天久坐不动的时间，放下手机，并适当增加运动量，当然是放松颈椎的最好方式，但对于学生、上班族以及需要长期伏案工作的人来说，这几乎是不可能的。颈椎问题绝对不容小觑，专家建议：每天必须要花一些时间来让颈椎放松一下。

要知道，如果长时间得不到休息和调理，肌肉会变得紧绷、僵硬，腰背部也容易出问题，后果不堪设想。在现实生活中，不说有没有时间经常去按摩馆，即使有，价格上也不太划算。去按摩馆按摩一次需要几十元到上百元不等，按照一周一次的频率，一年也要花几千元。

4. 利益点

接下来，就是把你的产品的利益点列出来。

你肯定听过一句话：客户要的不是你的产品，是你的产品带给他的好处（利益点）。

美国最伟大的五位参议员之一——丹尼尔·韦伯斯特，有一次受好友之邀，帮忙拍卖一个新罕布什尔州的农场。

他说:"邻居们,我们到这儿来不是为了拍卖汤姆的那34 头好奶牛……不是拍卖那 80 英亩肥沃的土地,也不是为了拍卖那历经了 20 个寒冬的坚固的房子……"

"不是这些。"丹尼尔说道,"我们想要提供的,是红润多汁的苹果咬在嘴里的香甜,是新割的草扑到鼻子里的绿色清新,是朗朗青山、潺潺溪流带给你的亲近自然感,是雪后脚下的咯吱声响,是与世界上最好的邻居共同生活的美好……"

还没等丹尼尔说完,便已经有人开始竞拍了。

如果你卖的是加湿器,你就要明白,人们需要的不是一个会冒水汽的透明桶,他们要的是皮肤不会缺水,喉咙不会太干。

如果你卖的是微波炉,你就要明白,人们想要的不是那个会加热的铁盒子,他们真正要的是 5 分钟把饭做好,这样他们就有更多时间做其他事。

人们在阅读文案时,脑子里一直都在重复一句话:"我能得到什么?"

在你的文案里塞满各种好处,告诉客户他们会得到什么、怎样获得、生活将会如何改善。如果你能做到这点,你离销售成功也就不远了。

对于一些实物产品的好处,就很容易写。

磨砂的瓶身很有质感。晃一下，精华液可以在瓶子里随意流动，流动性强通常说明使用时更容易在皮肤上推开，吸收快。

旋开瓶盖，轻捏一下吸管，把精华液滴在手上，不黏稠也不油腻，很轻松就推开了，皮肤吸收起来很快，没有毛孔堵塞或者不透气的感觉。

涂在脸上，皮肤吸收得也很快，非常滋润。擦上之后可以修护肌肤损伤，补水保湿。

我是在晚上使用，早上起来后感觉皮肤很紧致，毛孔也细腻了不少；两天下来皮肤从内到外透着微微的光泽感；一周下来肤色也变好了不少，感觉皮肤一整天都很水润丰盈。

肌肤保养是个长期的工作，随着用的次数的不断增加，你会发现，暗沉的肤色有所改善，小的细纹干纹也会慢慢淡化。

一些虚拟产品的好处就不太容易写。每次我讲到这里，都有人问："老师，书、课程、服务的好处要怎么写？"其实没有任何差别，比如下面这篇卖书的文案。

"14 岁懂社会系列"这套书细致入微地洞察了这些烦恼、困惑，然后拍了拍我们的肩膀，贴心地给了我们安慰。

烦恼一：不自信、总觉得自己不够好怎么办？

有的小孩子好像总是小心翼翼的，怕做错事，怕考不好，怕父母和老师不高兴，怕被批评，经常觉得自己不如别人，怀疑否定自己。

这套书中的《你没那么笨》一册告诉我们：你才不是笨小孩，笨小孩是被制造出来的。完全没必要因为考试没考好或者别人的冷嘲热讽就否定自己。

如果觉得自己没有别人好，可以先试试在某一件事上每天投入 3 个小时，然后用很长的时间坚持做这件事。

时间久了，不管是大脑还是心态，都会得到训练，实现自我提升。而自己，也一定可以变得更加自信。

……

不用纠结你的产品是什么形态，重要的是你要让客户明白：

如果做了你要求做的事情，我会不会变得更富裕、更健康、更幸福？

会不会让我说话、做事、写文章都比以前好？是不是也能增加我的社交魅力？

会不会让我能帮助我爱的人？是不是可以帮我预防经济上的损失？

总之，你要向客户展示你的产品会为他带来什么。

5. 证据

最后一点就是证据。

上面讲述了很多产品的好处，都是王婆卖瓜自卖自夸。

如何让客户相信你说的是真的呢？

你就要去准备相应的证据。证据可以是实验测评、与竞品的对比测评、第三方抽检，也可以是客户真实试用案例，或者产品的动图、视频展示等。

例如，你在卖一款眼霜，你宣称的是"滋润眼部肌肤且不油腻"，那你就要证明它真的滋润、不油腻才行。

为了大家能够直接看到这款抗皱眼霜的滋润效果，我专门拿来了一个肌肤水油测试仪对产品进行测试。

测试人是油性皮肤，大家可以参考图片。

涂抹前：洗净手部，在没有涂任何护肤品的情况下——

水分23%，油分32.6%（图略）。

涂抹后：涂上一层抗皱眼霜，等待吸收完成后——

水分46%，油分24%（图略）。

测试结果显示，肌肤含水量较原来提升了100%，油分测试值比使用前下降了26%。

这款抗皱眼霜不仅能够为肌肤补水锁水，还能控制油分，维持肌肤的水油平衡，长时间使用后眼部肌肤会达到中性、健康的状态。

所以不管是干性皮肤还是油性皮肤都同样适用。而且这款眼霜成分温和，不含酒精，即使是敏感肌和孕妇也能放心使用。

我们在策划 SKG 颈椎按摩仪的推广文案时，产品还没有上市，所以没有热销方面的素材。我们把 SKG 其他产品热销的证据罗列出来，展示它的品牌实力：

可能你对它并不熟悉，但它却早已是全球领先的美容仪 & 健康电器专家。它的名字叫作 SKG。

毋庸置疑，不管你是朝九晚五的上班族，还是自由创业的打拼者，抑或是想给父母多一些呵护，这次的推荐都值得你慢下来看一看。就算是目前你的颈椎还好，但看看总归不是坏事，这样以后在你需要的时候不至于无从下手。

SKG 在研发每款产品的时候，都研究过 3000 个以上的用户样本，其产品设计多次荣获德国红点、IF 设计大奖，公司拥有 177 项全球核心专利。这样高的产品水准，满足我们普通人的需求，不在话下。

目前，SKG 打造世界一流的中国"智造"的梦想还在继续，它不是第一个，也肯定不会是最后一个。那么，你愿意为国产品牌的崛起出一份力吗？

在文案里，有一种东西你写得再多也不算多，就是证据。它非常重要，我们在下一章会详细讲述。

本章作业

需求、解决方案、行动成本就是我们在制定文案策略时要解决的问题，本章和大家分享了解决方案，教你用

FABE 法去打磨产品的卖点。

在这个环节，你不用写出具体的文案，只要把关键点罗列出来即可。

比如就像下面这样，我在帮一个西装定制品牌写文案时，就采取了这个方法进行策划。

概念：

一部苹果手机的价格，瞬间让你脱胎换骨。每个人都要有一件定制西装。

特征：

通过 TPO（Time-Place-Occasion）标准流程，根据每个人着装的时间、地点、场合来选择面料和风格。这是专属于 GEE 的独一无二的量体方法。

优势：

GEE 的设计师都是从英国留学回来的，裁缝是来自中国香港的优秀裁缝，用的面料是上等的面料。

利益点：

定制西装能够放大你的身材的优势，弥补你的身材的缺陷，提升你的品位与气质，让你在人群中一眼看上去就与众不同。

证据：

参加大赛获奖截图、面料截图、客户成功案例……

现在，列出你自己产品的这些卖点吧！

第 6 章

行动成本

————

第 4 章和第 5 章分别介绍了需求和解决方案，本章我们讲解制定文案策略时要考虑的最后一个问题，即行动成本，也是第 2 篇的最后一章。

很多时候你会发现，你的文案写得很好，客户看了也很心动，但最后犹豫半天，却没有成交。这往往是因为你没有降低他的行动成本。

在面对销售人员时，客户总感觉自己是弱势的一方——他早上 7 点出门挤地铁，晚上 8 点多才饥肠辘辘地回到家中，每天在公司兢兢业业工作赚来的钱，现在却要掏出来给你……

每次购买时，客户的大脑里都有两股势力在厮杀：一边是成本，一边是收益。

客户要付的钱越多，紧张感也就越强。买到一个烂西瓜不会毁掉他的生活，但买一辆有安全隐患的汽车，就是另一回事了。

所以，你需要给客户增加一点信心，不仅要增加收益那一端的重量，也要减轻成本那一端的重量，让天平向你倾斜。

这也是本章的主题，即如何降低客户的行动成本。

对你来说，最大的成本是什么

2019 年，媒老板获客学堂推出了一个收费 29800 元的工作坊，由我和坤龙来讲复购与转介绍。

这个课当时刚一推出，就很受欢迎，很多人抢着来报名，其中也包括我的一个好朋友沈××。她以前是黑客，后来开了两家和金融相关的公司，是一个很会算账的人。

沈××是我们的老学员，每次我们只要一推出新课，不管有没有需要，她都会立刻报名，但是这一次却出现了例外。

这个课程总共是 4 天 3 夜，白天上课，晚上是作业辅导。当时考虑到我们的学员主要是老板，不需要请假或打卡，所以为了我们自己方便，就将课程排在周五、周六、周日、周一。

没想到，沈××一听到我们这个课程的排期，立马就打电话过来要取消报名。经过我们各种"威逼利诱"后，她终于愿意过来听课，但是撂下狠话，第四天一定会翘课。

当然，最后因为课程太过精彩，在第三天晚上她偷偷掏出手机，取消了原定的航班，继续乖乖留在我们那里听课。

课后，我去问她为什么原计划第四天一定要走，她才终于吐露了心底的小算盘，听完之后，我直冒冷汗。

她说："因为不划算。我来你们这里上课 4 天，明面上我支出的是 29800 元的课程费用，加上来回的机票和住宿费用，接近 5 万元。实际上，我的成本远大于此。"

她走到黑板前，拿起笔开始给我们计算："你就算我的一天值 5 万元好了，我上课 4 天，就相当于支出 20 万元。尤其是第四天还是周一，周一我要给团队开会，这一天至少价值 10 万元。"

"你每天的课程，要价值 5 万元以上，对于我来说才算划得来。我原本打算周一回来，是预期你们这一天的课程达不到 10 万元的价值。"

听她讲完之后，我百感交集。在她的计算下，我们原本收费 29800 元的课程，对她来说，成本却是 30 万元。

而且，其实我们的每个学员在心里都是这么算账的，只是每个人的数字略有不同。但对于我们来说，收取 29800 元的费用，却要交付超过 30 万元的价值，否则就会形成负面口碑，这也是巨大的压力。

当然，这也燃起了我对做产品、对客户的敬畏之心。

我想你肯定也猜到了，我讲这个故事是想要说明，客户买一个产品，他支付的成本远远不只是那点金钱。尤其是高收入人群，时间对于他们来说，比钱更贵。

那么，客户到底需要付出哪些成本呢？我总结下来，基本为6种，可以叫成本，也可以叫风险：

（1）功能成本，客户会担心你的产品没有那么好用，达不到预期。

（2）财务成本，客户会担心买你的产品不划算，可能会买贵了。

（3）时间成本，客户会担心浪费时间，买了之后有没有时间用。

（4）社交成本，客户会担心身边的人对自己产生不好的看法。

（5）物理成本，客户会担心物流会不会出问题、做了手术会不会留疤等。

（6）感官成本，客户会担心房间会不会太吵、餐厅能不能看到海滩等。

这是客户在购物时存在的6个成本，我们在设计产品以及策划时，就要让客户的总成本最低。（注意，是总成本最低，不是财务成本最低。）

功能成本

第一个是功能成本。客户会担心你所承诺的效果，最后不能实现。

你就需要想办法证明你的产品真的可以实现那个效果。

比如我们之前在一个微信公众号推广过一款不粘锅。顾名思义，不粘锅最重要的当然就是不粘。

在我们推广这款产品之前，恰逢李佳琦在带货不粘锅时出现了粘锅的问题，导致很多客户对不粘锅的信任度直线下降。

那么问题来了，连李佳琦卖不粘锅都"翻车"了，我们又怎么能让粉丝相信我们推荐的不粘锅没有问题呢？

经过一番讨论后，我们制定了这样的方案：

首先给几十个粉丝群里的意见领袖提前寄送不粘锅的样品，让她们免费试用。但是有一个要求，就是需要她们在朋友圈以及社群里分享自己使用不粘锅时的真实视频，让意见领袖的亲身体验去说服其他粉丝。

其次是我们在评测时，选了一个用了 4 个月的老锅进行演示。文案中用的所有图片和视频，都是用的这口老锅。

提到不粘锅，妈妈们很容易给它贴上"不耐用"的标签，但是今天我们就要撕掉这张标签，为不粘锅正名。

这个锅我家用了 4 个月，大家能看到锅的底部已经有点黑了，但是涂层还完好如初。

......

买锅时，我们经常会看到商家拿一个新锅演示有多么的不粘，其实这有点误导大家。新锅当然不粘了，但不粘的性能可以保持多久，就考验工艺和品质了。

做过雪花酥的妈妈都知道，雪花酥这类零食超级黏。

写这篇文章时，我拿这个用了 4 个多月的不粘锅做了测评，做雪花酥时都不粘，这才是好的不粘锅。

在文案发布的同时，我们还通过直播进行了演示。

进入直播间后，你可以清晰地看到，我们所用的不粘锅已经有了一些划痕，底部也有很明显的使用痕迹，证明它确实是一口老锅，但是使用起来真的一点也不粘。

所以客户自然会想，既然用了这么久的老锅都不粘，那新锅自然也没有问题了。再加上其他粉丝的真实评测，客户的疑虑很快就会被打消。

当然，这次推广最终也取得了很好的销售成绩。

财务成本

第二个是财务成本。客户在买东西时，会担心你的产品不划算，导致他在财务上会有损失。

要消除客户在这方面的担心，你可以让他免费试用，或者是做零风险承诺，就像京东、淘宝的 7 天无理由退款。

例如，我们之前在微信公众号"宝宝辅食微课堂"上卖过一款烤箱，文案如下。

好，最后来说说大家最关心的价格问题。这款海氏 i7 烤箱，官方平时的售价是 1499 元。

但在黄妈家，只需 1099 元，比官方旗舰店"双十一"大促还要便宜 100 元。大家还可以选择 3 期免息的支付方式，零手续费，算下来每天只需 12 元。

考虑到使用烤箱时，打蛋器和电子秤是必不可少的好搭档。所以，除了超值的团购价外，我又和品牌方额外争取了一整套打蛋器 + 电子秤，价值 158 元。

除了赠品给力，海氏的售后服务也是有保障的，给了我们一年以换代修的承诺，说真的，要是品牌对产品没信心，根本不敢做出这样的承诺。

除此之外，今天下单 i7 烤箱，还能延保 1 年，也就是享受全国联保 3 年的服务，不过这也是这次团购才有的福利。

我还给咱们家粉丝准备了 12 件烘焙大礼包。这些小工具都是我自己在做烘焙时常常会用到的。要是你们自己去淘宝购买，像这么好的品质，起码也要 150 元。今天联系助理，只要凭借 i7 的下单截图，就能以 69 元换购。

客户会担心买贵了，所以我们就说明我们比官方"双十一"大促还要便宜，文案中附上了截图，还有第三方工具可以查历史价格。

另外考虑到客户的支付能力，我们也特地做了一个 3 期免息的支付入口，降低客户的财务成本。同时也额外赠送了很多赠品，这些是在其他渠道购买都享受不到的。

总之，就是让客户明白，你可以不买，但你如果买的话，我这里是全网最实惠的，而且仅限今天。

时间成本

第三个是时间成本。客户会担心买了之后浪费时间，或者没时间消费。

我自己在公司对面的瑜伽馆办了一张卡，结果去了两次就再没去过了。所以我之后再办这种卡的时候，都会很犹豫。

我现在日常买东西时也是优先考虑时间成本，而不是财务成本，因为时间对我来说是更大的成本。

所以在文案当中，你要告诉客户，你不是浪费他的时间，而是在帮他节省时间。

我很少听线上课，而是比较喜欢听线下课，因为线下课的效率更高。但有一门名为"搜索力"的线上课，我却听了好几遍，因为它能帮我节省时间。

大学期间，她门门功课优秀，不是因为比别人聪明，只是因为别人花费好几天守在图书馆里一页页看文献才能获得的资料，她用超级搜索术只要一个小时就能获取。

闺蜜申请国外的大学花了几万元都没申请到，她用超级搜索术帮她顺利拿到面试机会。

朋友打算开店，但苦于没有货源、租不到门面，她用超级搜索术找齐所有货源方向，租到一间旺铺，就连产品的用户画像都挖掘得清清楚楚。

......

可以说，无论任何信息、任何线索，只要曾经出现在互联网上，都逃不过朱丹的"搜索精明眼"。

有句话这样说，人生中80%的问题，早都被其他人解决了，你只要搜索就可以。剩下20%的问题，你才需要研究。

会搜索，给我们的生活带来极大的便利，可以减少无意义的筛选时间，提高效率，省时省力省钱。

而一旦掌握了快速搜索的方法，比起那些一头雾水的人，你就赢在了起跑线上。

如果你的产品能帮客户节省时间，你就一定要大声说出来。反过来，如果客户认为你的产品会浪费他的时间，那么你想要办法"自证"。

社交成本

第四个是社交成本。客户可能会担心买了你的产品之后（比如情趣用品）被他的朋友看到，会有损他的社交形象。

那要怎样去降低这样的风险呢？第一个是保护客户的隐私，第二个是想办法降低社交成本。

淘宝上卖情趣用品的商家，基本都会在详情页里做一个隐私保护的说明：我给你发快递时，不会写产品名字，会用全黑色的包装包裹得严严实实，除了我和你，没有任何人知道是什么。

这里举一个我觉得很有意思的案例，是奔驰公司在1965 年用来销售梅赛德斯奔驰 190D 的一篇文案。

当时在美国，最受欢迎的豪华车品牌是凯迪拉克，而不是奔驰。而且 190D 这款车还有一个很大问题，就是引擎噪声很大，让很多人觉得"开不出去"，是阻碍客户购买的一个很大的理由。

看看下面这篇文案是如何帮顾客消除这种社交顾虑的。

"算了吧，海因茨。行家跟我说过，这里不卖你要的那款车。"

他们正在谈论的是梅赛德斯奔驰 190D 型，一辆在美国以外有 50 多万人购买和驾驶的车。

"美国人不会买。行家都说，为什么花4068美元买一辆引擎噪声很大的德国车，而不再加891.37美元买一辆凯迪拉克呢？"

但根据事实分析，我们绝对有理由相信这些行家是错的。许多美国人的确花了4068美元买了所谓带"噪声引擎"的这款德系车。

事实上，如果引擎没有噪声，许多美国人还注意不了这款车呢。在欧洲，他们看到奔驰汽车，并注意到其引擎发出的这种声音之后，才去打听和关注这款车的。

就噪声方面来说，他们发现，这种声音不同于从汽油发动机发出的声音。实际上，你在等红绿灯的时候，会有几个人看一眼这款车。但是，如果你的驾驶速度超过25英里/小时，你就绝对不会受到这种声音的干扰。据一些驾驶员说，事实上他们非常陶醉于这个独特的声音。许多车主说："如果引擎没有这种声音，那么人们就不知道那是辆梅赛德斯了！"

这几段文字，首先说很多美国人都买了这款带"噪声引擎"的德系车，让你觉得，好像大家都没觉得噪声有什么问题。

接着，这段文字来了一个反转，把原本给人带来困扰的噪声，变成了让这款车标新立异的优点——你开在路上，别人都知道你开的是什么车，纷纷投来羡慕的眼光。

而且，只要速度超过 25 英里/小时，就没这个困扰，很多人反而会陶醉于这个独特的声音。

通过这样的描述，把原本是一个缺点的引擎噪声，反而转换成了一个标新立异的优点。

类似的思路，甲壳虫、宝马 MINI 也都用过。

甲壳虫早期进军美国多年，一直没什么销量。因为大部分美国人对于汽车的理解是"大就是好"，认为空间大、马力大的汽车才是好汽车。而甲壳虫外形小，造型丑萌，美国人才不会开这种车。

在这种看似无解的情况下，一则广告文案横空出世，帮助甲壳虫打了一场漂亮的绝地反击。

我们的小车没有标新立异。

许多学院派对它不屑；加油站的小伙子也不会问它的油箱在哪里；没有人注意它，甚至没人看它一眼。

但是，驾驶过它的人不这样认为。

因为它耗油低，不需防冻剂，能够用一套轮胎跑完 40000 英里。这就是为什么你一旦用上我们的产品，就会对它爱不释手。

当你挤进一个狭小的停车场时，当更换你那笔少量的保险金时，当你支付那一小笔修理账单时，或者当你用旧大众换得一辆新大众时，请想想小的好处。

物理成本

第五个是物理成本。比如做整容手术时脸上会留疤就是物理成本，产品的安全性也算是物理成本。

我们之前在北京卖啤酒，刚开始经验不足，遇到一个很大的问题。

当时卖的是玻璃瓶装的啤酒，在夏天运输时瓶子不可避免会发生摇晃，一旦摇晃，瓶里就会起泡沫，泡沫过多就会把瓶盖冲开喷出来。

只要有一瓶啤酒的泡沫冲出来，整箱啤酒就作废了。天气一热，这种事故率就很高。这就是典型的物理风险。

再来看一篇 20 世纪 50 年代国外的经典文案。

关于电热毯，最主要的问题是安全性——不好用的电热毯会引发火灾。我之所以很喜欢下面这篇文案，是因为我家里就发生过电热毯起火这种事情。

同样的问题，在 70 多年前，也困扰了美国的客户。来看看下面这篇文案是怎么打消客户顾虑的。

你是不是因为害怕电热毯引发火灾而丧失了生活中相当舒适的一面？

今天我们就来谈谈电热毯，谈谈甚至对于一些聪明的现代人士来说都心存胆怯的电热毯。

因为通用电气在电子产品领域拥有权威地位，所以，你要会相信我们能够给你提供一些比较客观的事实。

在 20 世纪 30 年代早期，有大约 20000 个电热毯被推向市场，人们对电热毯和对灯线或电动剃须刀一样，不再恐惧。

如今的电热毯，只有经过最严格的测试，才能得到美国安全检测实验室的批准认可，电热毯上面贴有小标签，就意味着它通过了安全测试。

在通用电气睡眠卫士电热毯上，你还会看到品质保证印章。通用电器标志对你来说最重要的作用是，质量的保障和承诺。

温度过高是个问题吗？如果出现温度过高的情况，通用电气睡眠卫士电热毯将会自动切断电流。

通用电气睡眠卫士电热毯还确保了每寸加热区都能保持恒温。

如果电热毯湿了怎么办？没关系。通用电气睡眠卫士电热毯不怕水，完全可以水洗。它的加热元件都是防水材料。

通用电气睡眠卫士电热毯用起来感觉如何？特别舒适。

有了它，你再也不会觉得冷了，不过也不会觉得太热。你再也不用在夜里因为温度降低，而起来加被子了。通用电气睡眠卫士电热毯可以为你自动调节温度。

为什么不和其他 2000000 人一样，给自己购置一个舒

适无比的电热毯呢？写信给我们，免费索取最新的小册子
《现代睡前小故事》。

……

感官成本

第六个是感官成本。客户会担心买了你的产品会有感
官上的损失，比如视觉、听觉、嗅觉、味觉等，常见于衣
食住行方面的产品。

在 2019 年五一假期时，我去西藏去玩了 7 天。西藏是
我之前梦想了很久的地方，结果那次才去了 3 天，我就想
离开，一分钟也不想多待，为什么呢？

因为我一到那边就开始下雨，一整天地下，每天都要
坐 10 个小时的车，翻越危险的山路。

最重要的是，食物还都特别不合口味，住得也不舒服，
我每天都受便秘、失眠的困扰。虽然景色确实挺美，但是
除了视觉以外，其他方面的感官体验特别糟糕。

这就是感官成本，其他感官的糟糕体验让我想立刻回家。

所以，你要在文案中针对感官上可能存在的风险进行
解答。下面来看一篇爆款旅游文案。

标题是"599 元云南 6 天游，食住行全安排，2 年有
效！一起去云的南方"。看到这么便宜的价格，读者心中肯
定会有很多顾虑：会不会很坑人？会不会有各种强制消费？

是不是吃的住的很差？看看文案是怎么打消这些顾虑的。

很多人都或多或少听说过、踩过低价的旅游的坑，巧立名目的费用、购物点强迫消费、糟糕透顶的旅游体验……简直是花钱又受罪。

所以在推荐前，我已经瞪大双眼给大家反复把关，保证费用透明、没有套路。

如果有强迫购物，承诺10倍赔偿！

这条旅游线，很多去过的客户给管家反馈了诚意十足的好评：

"大理古城、玉龙雪山风景美，拍出照片来更美。"

"没有强迫购物、没有乱收费。"

"行程安排合理、不奔波。"

"团费很划算，物有所值，省钱省心。"

"酒店干净，团餐不错，导游贴心。"

落地云南后几乎一价全包的昆大丽6天游，之所以能拿到这么大的优惠，是因为得到了政府的补助。

在新冠肺炎疫情的冲击之下，今年上半年旅游业受到重创，很多相关行业和从业者受到影响。为了吸引游客，拉动经济，政府给外地人到云南的食住行提供了大额的补贴。

所以如果你有去云南的计划，现在下单就是很好的机会！两年内随时预约，拎上包就能出发。

云南人带你尝山珍

大家在云南旅行时都想吃点地道的云南菜，这次可以大饱口福了！

在 6 天的旅途中，你能尝到地道的石林撒尼、白族、纳西族风味，丰盛的长街宴，以及洱海砂锅鱼、野生菌火锅这两顿特色餐。

云南有名的菌子，真的是令人难忘的山珍，无须使用过多佐料，鲜美脆嫩，足以让你一口接一口停不下来。

如果你没尝过，与其在市场上高价购买裹着保鲜膜的菌子，还不如自己飞一趟云南，尝一口鲜。

每晚入住当地精品级酒店，住得好才舒心

一天精彩的旅程下来会很疲惫，干净、舒服的住宿环境至关重要。

在这趟云南游中，我们安排的住宿酒店都是当地的精品酒店。

住在希尔顿欢朋、大理公馆、丽枫酒店或同级酒店，让你每天晚上都感觉温馨舒适。

回到酒店就能洗个舒舒服服的澡，尽情放松，睡个好觉。

承诺了强制消费赔 10 倍。解释了低价的原因，是拿到了政府补助，政府总不会骗你吧。向你展示了吃、住、行的标准（大量图片略），让你有一个很好的预期："住希尔

顿欢朋,那还不错哦!"

以上是客户在购物时的 6 个成本。

你在策划时,要按照这 6 个的成本,把客户的顾虑一股脑全部罗列出来。你自己想一些,让客户自己罗列一些。然后去思考如何一一解决,并且在你的文案里体现出来。

这就相当于,你把客户可能会有的顾虑提前打消了,从而让客户更爽快地买单。

注意,哪怕你解释得没那么好也没关系。重要的是,你在文案中正面回应了他的顾虑。

本章作业

针对你的产品,想办法列出客户存在的 50 个顾虑,按照上面提到的 6 个成本进行分类,进一步加强理解。然后挑选出其中最重要的几个,想一想在你的文案中怎么解释。

例如,客户要购买我们的培训课程,最担心的肯定是功能成本,即课程到底有没有用,那我们在文案里就可以列出 3 个保证。

3 个保证:听得懂、学得会、用得上

课程内容会不会太深了?我担心自己听不懂

你放心,我特别擅长用浅显易懂的语言,加上生动真实的案例,采取抽丝剥茧的方式,深入浅出地带着你一步步掌握核心秘诀。

有个 70 后企业老板跟我说："之前朋友一直给我推荐你们的课，但我一直担心听不懂，怕来了也只能睡觉，现在太后悔没有早点来。"

很荣幸，最后我们的课程给这位老板提供的价值远超他的预期。

课程中的知识点会不会很复杂？我担心自己学不会

我们讲授的每一个知识点都包含理论、方法、案例、技巧四个维度，形成了一个可复制的工具包。

学完课程操作起来会不会很难？我担心自己用不上

除了课程内容以外，我们还配备了"傻瓜式"操作指南教材，只要照着流程操作，就可以获得意想不到的效果。

比如在广州的一次课程中，课堂上学员们按照我们提供的方法，选取自己的产品制作推广海报，海报展示之后，课上超过一半的学员都连接到了各自的客户，当场促成成交，现场体验到新媒体掘金的快感。

如果你担心只听课程，自己没信心把方案落地，或者你还想要进一步提高的话，我们的团队将会为你提供更多后续的服务和资源支撑。

有问题，找我们，我们一直都在。

在策划阶段，你不用想好具体的文案如何写，先把这些关键点找出来即可。

第 3 篇

N：框架——写成初稿

第 7 章

文案框架

文案的基本框架

我们在第 2 章中讲过,写文案的逻辑,是一套用了上百年的通用底层逻辑。

这套底层逻辑,其实就是被人们所熟知的准则——AITDA 成交五部曲。其中,A 是指注意力(Attention),I 是指兴趣(Interest),T 是指信任(Trust),D 是指渴望(Desire),A 是指行动(Action)。

一篇清晰、明确的销售文案的内容逻辑应该是这样的:

第一,吸引客户的注意力。

第二,使客户感兴趣。

第三,让客户信任你。

第四,让客户渴望得到你销售的东西。

第五,让客户立即购买你的产品。

掌握了这套底层逻辑，无论你是写文案、拍短视频，还是做电视广告，都能够快速将产品卖爆。

然而 AITDA 成交五部曲看起来简单，真正用起来就复杂了，尤其是落地到每一个操作步骤，那就完全是另外一件事了。

具体到我自己在实际文案写作中，是这样去表现的：

第一，用"标题"吸引客户的注意力。

第二，用"开头"使客户感兴趣。

第三，用"品牌故事"取得客户的信任。

第四，用"产品卖点""使用体验""客户证言"让客户渴望得到我销售的东西。

第五，用"促进下单"让客户立即购买我的产品。

从一篇白酒文案看如何搭建文案框架

为了方便大家理解，来看一篇我帮朋友写的白酒文案。

一滴入魂！这款师出五粮液的极简白酒，3 瓶不足 200 元！

以上是文案的标题。"五粮液""3 瓶不足 200 元"吸引那些本来就对白酒感兴趣的客户的注意力。

过年休息的时候，和好久不见的兄弟约了顿火锅，谁知道他居然拿了两瓶白酒来。

要是在平时，我肯定是拒绝的，因为现在的白酒基本上一瓶都有一斤，我酒量本来就不怎么好，喝完第二天容易头疼。但想不到这次，我居然喝了一瓶，而且还被这酒给圈粉了！

这是一种叫"三两"的小酒，比平时见到的那些白酒要小巧很多，一瓶只有三两，一个人喝一瓶刚刚好。而且它的味道也是上乘的，还没有完全开封空气中就已经有了淡淡的酒香，过喉的时候不辣，有微微的回甘，让人忍不住细品……

更令人惊喜的是：第二天我醒来的时候也完全没有觉得头疼。好喝不上头，还能满足我就3两的酒量，真是太棒了！

聊到兴起的时候，我忍不住问兄弟要了链接。没想到这款酒居然出自酿造五粮液的大师之手，罗永浩之前在直播间也专门推荐过。

我身边爱喝酒的李哥喝了一瓶后，忍不住订了一箱说回家囤着，等朋友聚会的时候一人一瓶。不过昨天听说，被他儿子喝得就剩了一半了……

虽然"三两"出自酿造五粮液的大师之手，但其价格却比五粮液便宜很多，我已经推荐给了很多朋友，也推荐给你。

以上是文案"开头"，主要是激发客户的兴趣，让客户有动力继续看下去。

01

同根同源，从五粮液到"三两"小酒，和而不同

川酒泰斗陈茂椿三代人的酿酒传承

说起"三两"小酒，就不得不和你提及"川酒泰斗"陈茂椿。说到陈茂椿，就必须要说四大世界名酒之一的五粮液，它的惊艳口感正是源于陈茂椿。

历史的起点要追溯到1936年左右，当时身为北大学子的陈茂椿就已经和酒打上交道，研制出了发动战斗机的"无水酒精"，为抵御日寇做出了突出贡献。

新中国成立以后，他积极投身社会主义建设，10年间走访四川、贵州等重要的酿酒地区，在实践中成为酿酒大师。从制作白糖的技术到对泸州老窖的研究推广，再到五粮液的酿造，陈茂椿是当之无愧的"酒中泰斗"。

1988年，77岁高龄的他通过55年对白酒行业的研究，奠基了称霸白酒业的四大要素之一——八八工艺，对浓香型白酒定型定量，也影响了剑南春、全兴、沱牌等品牌的酿造工艺。而他对白酒的痴迷也影响了他的四子陈尚智。

陈茂椿老先生过世后，凭着对父亲和五粮液的深厚感情，陈尚智用了两年的时间研究调制国五液，最终打造了国五液独特的口感和传奇。国五液也是五粮液第一款以国字命名的酒。

国家级品酒大师沈怡芳先生用十六字高度评价国五液："芳香浓郁，溢香长久，醇甜谐调，尾怡净爽。"

而"三两"是陈尚智时隔十多年后再次出山，和陈氏家族第三代传人，从国外留学归来的陈剑峰，采用陈氏最古老、最传统的配方，历时三年时间，调制的一款和五粮液同宗同质同料、一脉相承的极简小酒。

它的口感更为醇厚和丰富，真正做到了"入口甜、落口柔，不上头"。

五粮液集团有限公司名誉董事长王国春曾说：

"五粮液有 100 多个经销商和 100 多个品牌，最懂酒的就是你们陈家，要求最高的也是你们陈家。"

上面这个小节是品牌故事，通过这样的介绍，建立起客户对这个品牌的信任。

02

产自中国白酒之都——宜宾

4000 年酿酒史 + 雪山融化下的寒泉

造一口"三两"好酒

酿过酒的人都知道地域对酒的重要性。如果离开了那片土地，酒也会失去它本身的味道和意义。

而"三两"的产地和世界名酒五粮液的产地相同，也是在拥有 4000 多年历史的酿酒古都四川宜宾。这里昼夜温差小，湿度大，是醋酸菌、酵母菌等酿酒所需微生物生长的温床。

好土还要有好水，用来酿造"三两"的水，也是无可替代的。取自宜宾雪山融化下的寒泉，水质清纯，富含几十种微量元素，多个指标已达到矿泉水的标准，掬水可饮。

除此之外，"三两"好味道的核心秘密还在于窖池。

03

好味道的秘密——民国古窖池

低温入窖，固态发酵150天

"三两"秘方的另一个必杀技，就是"窖池"。

酿造浓香型白酒，有句话叫"酒香全靠窖池老"。意思是指，窖池的年份越长，里面的微生物就越丰富，酿造的酒就越好，对身体所造成的伤害也会越小。

"三两"用的是民国时期传承下来的古窖池群，平均窖龄长达三十年。每一克窖泥中都含有数以亿计的微生物。

此外，严格控制粮食入窖温度在16摄氏度左右，固态发酵时间延长到150天的超长时间。和市面上发酵时间45～50天的酒相比，它的发酵更彻底，口感自然也就更丰富。

蒸馏提纯后，再放入秘制的陶坛陈放5年等待老熟，取出的时候回味悠长，带着时间的香气。

尝过的人都说，"三两"有赤子的味道，能承载人的喜乐悲欢。

04

10 年老酒勾调

口感上乘，不上头，醒酒快

刚取出的原酒度数一般都比较高（60 ~ 70 度左右），而且味道偏辛辣刺激，这个时候就必须要做"降度"和"勾调"处理。度数越低越考验功夫。

市面上的很多酒为了节约时间和成本，都是直接用酒精或者香精进行勾兑的，所以喝了才会上头。而真正的好酒是专业酿酒师用不同年份的老酒按照比例进行勾调，品尝、调整和稳定口感后调制而成的。茅台、五粮液都是这样调制出来的。

而"三两"是"国家级酿酒师"陈尚智老先生用 10 年以上的老酒，耗时两年精心调制的，然后再贮藏半年，等待口感更加柔和后才正式装瓶。真正的好喝不上头，即使是不经常喝白酒的年轻人也完全可以接受。

一个以前只喝五粮液和茅台的朋友说：

"我其实没觉得那些贵的酒有多好喝，但是它们不上头，头天晚上喝完第二天还可以照常工作，不耽误事。这一点很重要。不过，喝完你们这个酒好像醒酒更快，味道还更好。以后就喝你们的酒了。"

以上这 3 个小节是"产品卖点"，刺激客户对产品的购买欲望。

05

酒水品鉴

倒入杯中，你会先被它的酒香气吸引。你忍不住吸了吸鼻子，然后轻抿一小口，转动舌头，使酒液布满口腔，感受到酒液在嘴中，沿舌头两侧流向舌根，从舌头中间流向舌尖……

你会慢慢感受到高粱的香气，大米的清甜，糯米和玉米的醇厚，而咽下去后会有余香绕口，这浓郁绵长之感，来自于小麦。整个过程是淡淡的，真正会喝酒的人才能品出，而人生五味杂陈，也都在一杯小酒里。

这个时候如果有盘花生米，来上两颗，酒的香气和花生的香气相糅合，让人不能自拔。

上面这个小节是"使用体验"，继续刺激客户的购买欲望。

来看一下大家的反馈：

李志军，45 岁，工厂厂长。平时他喝酒的话，经常是晚上喝完第二天就头疼。尝完"三两"后他说：这酒口感好，也不上头，价格也不贵。

王建波，25 岁，自媒体人。这次试了"三两"后，就直接买了 200 瓶，他说："下个月，我就结婚了。不能让亲戚朋友喝太多，每人三两刚刚好。"

还在读大学的 19 岁男孩李小飞听朋友说这个酒好，就给父亲买了两瓶。这下可把他爸乐坏了："小飞长大了啊，这个酒的味道好啊，和那些几千元一瓶的酒的味道差不多。"

上面这个小节是"用户证言"，进一步刺激客户的购买欲望。

06

生活不过是一杯小酒

三五好友在一起的时候，经常会喝一点酒。酒在这个时候是感情的催化剂，平时那些不能说的、不敢说的、不好意思说的掏心窝的话，这个时候都能借着酒意来几句。人生太不容易了，在老朋友面前就借着酒劲儿再真实一些吧。

下班的晚上，一个人也可以炒两个小菜，斟上一小杯。那些因为生活压力而被束缚的情感，这个时候可以尽情地释放出来。它不仅仅让你有情绪的发泄口，也能在温暖你的身体的同时温暖你的心。

平时周末或者过节的时候，也缺不了酒。招待亲友，一瓶刚够"微醺"的小酒，既能点燃气氛，也不会让大家饮酒过度。也可以找个机会，和老父亲来一杯："爸，我们爷俩喝一杯，这么多年，辛苦你了。"

我想，这些瞬间就是酒能存在千年而不衰的真正原因。跌入深渊的人，能在酒中找到安慰。而遇到良辰美景的人，能在酒中让快乐到达高潮。

"三两"好酒，三两知己！

我了解到他们的官方价格是189元/瓶，现在有元宵节促销活动，价格是139元/盒，一盒3瓶。要知道这个酒出自酿造五粮液的大师之手，可以说价格非常值了！

为了这次销售，我通过朋友特意找到厂家，给大家特供了800瓶，但只有这么多，卖完就没了，不要错过，快戳图下单！

上面这个小节是"促进下单"，让客户立即去购买产品。

以上就是我们所要讲的内容，为你详细讲解文案的每一部分怎么写出来，写好你的初稿。

下面进入写文案初稿的第一部分：标题。

第 8 章

标 题

————

标题是一篇文案打开市场的敲门砖，你的文案是否有传播力，标题是关键因素。

本章就教你如何写好标题。

网上有很多教你写标题的干货文章，如果你也跟着学，往往会被带进沟里去。并不是这些文章有什么问题，而是你往往会掉进一个误区：文案标题就是文章标题。

实际上，文案标题和文章标题并不相同。

文案的目的是成交，追求的是最终销售额。只要销售额高，阅读量高低无所谓。

天冷了，一起去海南旅行！5 天 4 夜仅需 1299 元，纯玩游，食住行全安排

文章的目的是传播，追求的是阅读量，阅读量越高，就能被越多的人看到。

现在想来，×××根本不值得大家争抢

文案和文章的目的不一样，就决定了它们的标题也是不一样的。

而你在网上看到的大多数所谓"标题技巧"，基本上讲的都是文章标题的写作技巧，套用到文案上，肯定是不适用的。

一个好的文案标题包括两个核心维度：精准、吸引。

精准，就是标题要能锁定你的目标客户，跟他们紧密相关。

吸引，就是标题要能够引起别人的关注，让他们想要点击。

如何用标题迅速锁定目标客户

我们每天接收到的信息太多了，仅仅是眼睛看到的信息，就让我们应接不暇，这还不包括听觉、触觉、嗅觉、味觉等其他几个维度的信息。

这么多信息，如果一股脑全涌进来，那么我们脖子上这颗小小的脑袋，就会直接"宕机"，所以必须有一道"防火墙"（海马状突起）进行筛选。

这就意味着，大部分信息在引起你"关注"之前，都会被你的"防火墙"过滤掉，你几乎"注意"不到。你主动分配出去的注意力是极其有限的。

能够引起你"关注"的信息，都是通过了大脑的层层关卡。所以，我们的标题如果想要引起更多人的关注，就得击穿他们大脑的"防火墙"。

我们要把标题制作成一颗"子弹"，让它穿过目标用户大脑的"防火墙"，进入他们的意识当中。

什么样的信息能穿过大脑的"防火墙"呢？"与你有关"的信息。

回忆一下，午休吃饭时，在商场排队买奶茶时，刚陪客户吃饭回来时，深夜从 KTV 坐车回家时，你脑子里都在想什么？

"表妹周末过来，我带她去哪儿玩呢？等下，先看看我这个月的花呗还有多少额度。哎，再过两周就到情人节了，还得给女朋友买礼物……"

"要不是最近公司现金流不太好，真不想陪这个客户。老王最近要辞职，得找个人顶上。都这把年纪了，我看你还能去哪里？对了，不会是被竞争对手给挖走了吧……"

……

你脑子里时刻想的基本上都是你所面临的问题，即"与你有关"的信息。所以，如果你想在人群中引起某人的注意，最好的方法就是叫他的名字。

有一次，美国最大的西装品牌 HSM 的创始人哈特·马克斯因为一则广告跟他的广告经理乔治·戴尔吵架了。

最后受不了的戴尔说："我跟你赌 10 美元，我有本事在一份无聊的报纸上，写一整页广告，而你会一字不差地读完。"哈特对此不屑一顾。

戴尔回应说："你现在可以打钱给我了。我都不用动笔写，就能证明我是对的。我只要告诉你标题就行。标题就是：这篇广告跟哈特·马克斯有关！"

如果你想让某人阅读你的文案，最好的方式就是把他的名字写在标题里：

清远三中的校友杨坤龙通过新媒体赚了大钱

马新更改遗嘱，将把她的千万遗产留给 Toto

……

毫无疑问，这是最理想的方式，同时也是个幻想。对于针对数千万人进行推广的文案来说，我们不可能在标题里中写上某一个具体客户的姓名。

那你要怎么做呢？找到一个跟他相关的信息，让他一看就知道，你在通过文字向他喊话："喂，李强，这篇文章跟你有关，你一定要看下！"

如果你居住在广州，那下面这条信息就跟你有关。

紧急避难：明天广州将迎来台风山竹，百年一遇的特大飓风如果你是创业者，那下面这条信息就跟你有关。

通知：明日起，所有自媒体平台不允许再发广告

如果你是一个 90 后，正打算买车，那下面这条信息就跟你有关。

特斯拉跑车，直降 50 万元，1 折开走——90 后的第一台跑车

……

你会发现，要想引起目标客户的关注，就要传递他们关心的信息——他们所害怕和担心的，他们所追求、向往的。

这就是文案标题的第一个维度，精准。所谓精准，就是你要精准地拿捏到目标客户的需求，并在标题中体现出来。

失眠、赚钱、减肥、变美、恋爱、婚姻、孩子教育……你要让客户看到标题就能知道，你能满足他们的什么需求。

如何判断一个标题是否精准？就是看标题上能否直观地体现出客户的需求，比如下面这些标题，一眼看过去就能看出其对应了客户的什么需求。

传承 400 年的配方，身上的湿痒都能解决

熬夜喝酒太伤肝！德国人用这一招，帮你告别"肝火旺"

肺不好的人，身体会有 5 个表现！若占 2 个以上，你就该养肺了

不到 3 折！599 元就能登雪山、游古城、住星级酒店，限时抢购

秋冬换季鼻子问题不用慌！鼻痒、鼻塞、打喷嚏、鼻子干，抹它"3 秒"就舒畅

头发狂掉，用生姜洗发也挽救不了？90% 是没做对这点

痛经别强忍，涂上 10 分钟，肚子不疼、腰背不酸，不再受折磨

这款大米绝了！有机种植，口感香糯甘甜，孕妇孩子都爱吃

再看看下面这些标题，你能看出来其对应了客户的什么需求吗？

冒冷汗！这个行业关乎 2 亿人的健康，中国却一度落后欧美十多年

一个中国人创造出让百万人点赞的国货，还感动了奥运冠军

为了一个承诺，这个大男孩放弃高薪在贫困县干了 700 多天，背后真相令人感动

20 年前只有他能和香奈儿、迪奥竞争，20 年后他辞职创业亏了 800 万元

……

这些标题最大的问题就是没有体现出客户的需求，不够精准。现在你会判断了吗？

让标题更有吸引力的 4 个技巧

精准是文案标题的基础，但不是全部。

你不能指望写个"治疗脱发，便宜好用"就把客户吸引过来，你得会讲"甜言蜜语"才行。

这就涉及好文案标题的第二个维度，吸引。你要通过各种技巧，把标题"打扮"得漂漂亮亮的，这样才能吸引客户。

前文列举的那些不精准的标题，往往是在吸引这个维度过度用力，而牺牲了精准。这就错了。精准永远是第一位的，其次才是吸引。

搞清楚主次之后，我们来看看让标题更有吸引力的 4 个技巧。

1. 多用数字

很多时候，带数字的标题会更吸引人，比如下面这些

标题。

维 C 是苹果的 8 倍，维 E 是橙子的 15 倍，你却从没给宝宝吃过

599 元云南 6 天游，食住行全安排，2 年有效！一起去云的南方

为什么带数字的标题会更吸引人？有两个原因。第一个原因是，我们平常用的语言大部分是汉字，在一堆汉字里，数字会显得很突出，我们的大脑就会给这些数字更多关注。

但是标题中的数字也不能太多，太多的话就显得不够突出了，比如下面这个标题。

10 分钟学 5 个技巧，让你做 3 餐快 18 倍

第二个原因是，数字的概括性很强，能给人带来一种"多、快、好、省"的感觉，比如下面这些标题。

1 小时学会轻松冥想术：冥想 5 分钟等于熟睡 1 小时

用 480 颗枸杞做一袋原浆！60 天还你一个有活力的肾

不到 200 元就能买到 90% 白鸭绒的羽绒服，一件顶 3 件

2. 多用强力词

带有强力词的标题会更吸引人。

什么叫强力词？不知道你有没有看过一本书叫《水知道答案》，这本书中写道，人们对水说"爱、美好、和平、谢谢你"等一些美好的词汇时，用显微镜观测，发现水形成的结晶会很漂亮。反之，如果你对水说一些脏话，水形成的结晶就会很丑陋，奇形怪状。

这个实验我不知真假，但是我想表达的意思跟这本书一样——我们的词汇是有能量的。虽然没大到能影响外界物质，但不同词汇带给人的情绪和感觉确实是不一样的，比如下面这些标题。

一个人最大的本事，就是让人放心

狂暴，真的愤怒了

独家解密　美国生化武器打击核心思路之一：低温融合

成本3元的料理包，正在毁掉我们的胃

莫名其妙吃了个跌停

注意这些词语：狂暴、愤怒、解密、毁掉……

这些词语往往比同义词更夸张、程度更深、更有力量感。你在看的时候，情绪会有起伏。这就是我们说的强力词。

你试试把这些词汇换成那些温柔的同义词，对比看看。

成本3元的料理包，正在毁掉我们的胃

成本 3 元的料理包，正在伤害我们的胃

狂暴，真的愤怒了

不悦，真的生气了

所以，试着把你的标题的词汇改成强力词吧。

3. 多用动词

在写标题时，要多用动词。

人对动词很敏感。我们看到一个动词时，往往会脑补具体动作，在脑海中产生画面感，比如下面这段话。

正阳楼的烧饼是一绝，薄薄的两层皮，一面粘芝麻，打开来会冒一股滚烫的热气，中间可以塞进一大箸子烤肉，咬上去，软。普通的芝麻酱烧饼不对劲，中间有芯子，太厚实，夹不了多少肉。

这段描写就很有画面感。其中"粘、打开、冒、塞、咬、夹"这些动词是点睛之笔。砍掉这些动词，整个画面就没有这么形象了。

动词如何应用在标题中呢？比如下面这些标题。

15 年老蟹农告诉你什么是好吃的大闸蟹！咬一口，爆膏流黄，中秋不能少的一道菜

冬天嘴巴爱起皮？别舔！用它一抹，死皮干纹都不见了

看看这些标题，咬一口、别舔、一抹，正是因为这些动词，才让整个画面跃然纸上。（看到"嘴巴爱起皮""别舔"时，你舔了吗?）

"踹走"那些索然无味的形容词，在你的标题里，多用动词吧！

4. 引发好奇

能引发他人好奇的标题往往更吸引人，比如下面这些标题。

别再乱喝蜂蜜了，长期喝蜂蜜，结果竟然是这样！赶紧看看

全职带娃第 3 年，我靠"卖声"偷偷攒下一套房子的首付

痛心！"住院 72 天，卖了 2 套房"：买保险的坑，劝你千万想明白

如何引发好奇？就是展现一个令人"惊讶"的结果，但是不说原因和过程，反之亦然。你想要知道，就得点开文章去看。

"蜂蜜咋了？我早上还喝着呢，咋回事啊？"

"靠'卖声'攒下一套房的首付？她是怎么做到的？"

"这啥病啊要卖 2 套房，正打算买保险呢，看下咋回事。"

总之，就是给一部分信息，隐藏一部分信息。给出的信息很有诱惑力，让你有动力去了解没给出的那部分信息。

测试优化

想写出一个爆款标题，除了掌握技巧之外，就是要多写多测试。

往往你要写十几个标题，最后选中三四个，然后再经过多轮市场测试，才能确定最合适的标题。

在国内的广告权威中，我最佩服的一位是史玉柱。史玉柱没有出过书，但是有一本书名为《我的营销心得》，是别人根据对他的采访进行整理的。

我看这本书就是想"偷学"史玉柱做广告的秘诀。结果翻遍全书，关于广告技巧，史玉柱就只讲了这么一处：

好广告都是改出来的。

广告，是必须要试的。其实我也没有哪一个广告我那么想了，我组织那么做了，就一次成功了。

我第一次就成功的广告极少，不能说没有，绝对极少。其实好广告，好像都是改出来的。

试销很重要，不要怕试销耽误 3 个月或耽误 6 个月，因为它会让你少犯错误，它会让公司更安全。

我们每修改一个广告都要拿到很多城市去做测试，跟踪 3 ~ 6 个月，看效果。

如果通过终端消费者的调研，发现没有效，我们还是要把它否掉。

史玉柱认为做好广告的重点就是：调研消费者，多测试多修改。

我看到这部分时，"始惊、次醉、终狂"。

大道至简，与诸君共勉。

本章作业

挑选 5 个前文中提到的标题，仿写出你自己文案的标题。

第 9 章

开 头

———————

你已经针对目标客户，写了一个很棒的标题并促使他们点击阅读。

你暂时吸引了他们的注意力，勾起了他们的阅读欲望。但如何才能自然流畅地从标题转到广告正文部分，并使他们一直保持这种阅读欲望呢？

如果你关注了我的微信公众号，你可能会在某天收到这样一篇文案：

从破产到 3 个月卖货 1400 万元，这位 90 后卖货小王子说，1 篇好文案的力量 >10 个推销员

点开之后，开头是这样写的：

你好，我是弈棋，弈棋文案学堂创始人。不好意思，今天我要怼一些人。其中有些人还是我的朋友，这让我很难为情，但我还是想说几句。

在向你解释发生了什么之前，我要先说一个发生在你身边的残酷事实。

如果你看过我之前的文案，就会知道我的故事：之前我的家庭条件不错，后来因为家里生意破产、家人生了重病，欠了很多外债。在毕业后短短一年内，我靠写文案翻身，赚到了人生的第一桶金，还买了第一套房。

因为新冠肺炎疫情的影响，今年很多人想转型做线上业务，认为只要有了线上渠道就可以解决问题，实际上他们又陷入了一个致命的误区……

看到这里，你会想继续阅读下去吗？为什么我要去怼我的朋友？对我所说的"发生在你身边的残酷事实""致命的误区"，难道你就不好奇吗？

一个让客户感兴趣的开头会让他继续阅读下去，或许最终他就会把手伸进口袋，掏出钞票；但是，如果开头不能引发客户的兴趣，他就会立刻离开，那么就算你在结尾免费送金条，也无济于事。

在上一章中，我们讲了如何用标题吸引客户的注意力，本章我们重点讲解如何利用文案开头激发客户的兴趣。

注意力与兴趣

注意力与兴趣的区别是什么呢？

一般来说，注意力稍纵即逝，兴趣会长期维持。

如果你在文案的开头成功地激发了客户的兴趣，那么你的文案就会具备一种超能力，叫"锁客"。就是客户看了你的文案之后，被牢牢锁住。除非他看完，否则根本就解不开这个锁。

令我印象深刻的是，2018年春节，有一篇2万字的长文——《流感下的北京中年》全网刷屏。内容是一个北京的中产家庭，因为老人的一次普通感冒，最后花光了所有家庭积蓄的就诊故事。

恰逢当时在医院照顾家人，我花了一整天的时间，中间被打断了8次，才把那篇文章看完。

是什么支撑我被打断8次，也要把那篇文章看完呢？就是兴趣，文章里讲的故事，也正是我们家所经历的，"这跟我有关"。

想要激发客户的兴趣，你就要在文案开头，去"撩拨"客户的需求，你的文案跟他的需求挂钩了，也就跟他有关系了。

如何激发客户的兴趣

我们在前文讲过，需求的源头有两种，痛苦和美好。

痛苦是什么？你有病我有药，这时你就会感兴趣，因为这个病一直在困扰你。

美好是什么？你想知道财富的秘密吗？跟着我，你也能发财，实现你期盼已久的梦想。

而文案的开头，就是通过场景的描绘，将痛苦和美好这两点表达出来。

你可以在开头就直接描写那些困扰客户已久的痛苦场景，比如下文这样。

老话说"人未老，眼先老"，真是一点儿都没有错。

有研究证明，眼周围的皮肤薄且脆弱，是全身最容易衰老的部分，比脸部皮肤早衰老 8 年。

只要留心观察你就会发现：有不少人哪怕只有十几岁，也有黑眼圈、眼袋、眼纹。再加上熬夜、失眠、长时间看手机或电脑、戴隐形眼镜，这些情况就更难避免了。

"眼老一分，人老十岁"的俗话一点儿都不夸张，很多人都深有体会，眼睛问题堪称"显老变丑杀手"。

尤其是眼纹，有与无，差别真的非常大，有了眼纹，换什么衣服、发型都不管用。

还有很多人想通过医美改善眼部周围的皮肤，但价格贵，动辄几万元，关键是还有风险，比如有可能会导致脸变僵硬、不自然，甚至变丑。

与其瞎折腾，我们不如趁早护理起来。

但市面上那么多眼膜、眼霜，对于到底该选哪款，很多人都犯难。

为此，我们历时 4 周，测试了国内外 20 多款卖得最火的眼膜和眼霜，选出了里面祛眼纹、眼袋、黑眼圈效果显著，成分让人放心的由×××研发的××××眼膜。

在文案开头直接罗列一些令人痛苦的场景，再放上一些眼部衰老导致人变丑的照片。如果你正被这些问题困扰，那你就会停下来看看这篇文案在讲什么。

前面戳到了你的痛点之后，接着告诉你他们花了4周时间，测试了20多款后选出来的一款眼膜，你就会感兴趣，想看看具体是什么了。

当我们描写痛苦的场景时，重点是突出两个"性"：普遍性、严重性。

1. 普遍性

你要告诉目标客户，这个痛苦是普遍存在的，哪怕他目前还没有这个困扰，也不要抱有侥幸心理。

文案中"有研究证明，眼周围的皮肤薄且脆弱，是全身最容易衰老的部分，比脸部皮肤早衰老8年"这句话就是告诉客户，眼部衰老是普遍现象，谁都逃不掉。

2. 严重性

你要告诉客户，这个问题很严重，一旦发生后果不堪设想。当然你也不要夸大其词，而是把客户忽略、缺乏认知的一面展现给他看，让他明白问题的严重性。

上面的文案就告诉客户，对于眼睛衰老问题拖不得，越拖越严重，最好现在就行动起来。

上面的文案是直接讲痛苦，激发客户兴趣的另外一个方向，就是直接描绘美好的场景，比如下文这样。

还有 17 天，2021 年就结束了，你在年初制定的目标完成了多少？

繁忙之中，又有学员给我发来喜报：

"坤龙老师，我们这个星期完成了以前 1 个月才能完成的业绩！照这个进度，这个月的销售额能超过 70 万元！"

她是我的线下课学员婷婷，7 年前因为不想让孩子成为留守儿童，决定告别北漂，和老公回老家创业，凭借他们擅长的雕刻手艺做起了珠宝工作室。

但和大部分珠宝商不同的是，他们没太多的钱租场地，所有只能通过自己的朋友圈开起了线上店铺，每天在朋友圈更新他们的作品、工作日常、客户反馈……

夫妻俩就这样从 0 到 1 开始奋战，通过朋友圈卖货和口碑推荐，每年的销售额能达到几百万元，更重要的是，产品的复购率接近 80%。

但几年下来，他们的客户数量没有什么增长，加上市场行情不好，导致销售出现了瓶颈。

于是他们就报了我的线下课，在课堂上，我了解了他们的情况后感觉很震惊："你们这么好的口碑，不做引流和裂变，简直是浪费，你试试在社群里加入群发售这一步，看看能不能让老客户转介绍新客户。"

夫妻俩的行动力也很强，回去后立刻做了一场群发售，没想到第一次尝试就成交了 10 多万元。

我问她什么感受，她说："爆单的滋味太让人上瘾了！现在我们隔一天就做一次群发售，1 个星期就能做出以前 1 个月的业绩，用 1 台手机、两个人就可以做……"

这是我们一篇卖课文案的开头，文案中所讲的学员的故事也是真实的，最终课程的转化效果也非常好。

与前面的案例不同，文案中并没有问你现在是否过得很惨、很痛苦，只是告诉你：有些人的情况可能和你的情况类似，但他们使用了一个"绝招"之后，就过上了很好的生活。而这个"绝招"就在下文，那么请问，你要不要继续往下看？

在描写美好的场景时，重点是突出两个方面：简单、可复制。

1. 简单

简单，是说方法上的简单。你想要孩子听话、想要克服演讲紧张的问题，其实一点儿都不难。你只是用错了方法。只要照着我说的做，你也可以实现你的梦想。

2. 可复制

可复制，是说结果可以复制，容易操作。我能够达到那个良好的效果，你也可以。今天的我，就是明天的你。要让客户看到，那个美好的案例，不是单一事件，很多人照着做都成功了。

好奇法

前面这两个案例，像列清单一样把痛苦或者美好的场景列出来，是最简单也最常用的开头方式。另外，还有一种技巧特别好用，叫好奇法。

好奇＝熟悉＋意外，就是让客户看到其原本习以为常的事情、观点，出现了不一样的变化。在文案中常见的，就是通过一些有噱头的词语、句子，吸引客户的注意力；设置和铺垫一些悬念，引发客户的好奇。

先给客户展示一个很不同寻常的结果，或者故事，不告诉客户具体是怎么发生的，如果客户感兴趣的话，就会听你慢慢讲。

2018 年，我给一个化妆品品牌植卡美写了一篇文案，文案的开头是这样的。

照片上这个笑眼迷人的女孩叫席琛，在清华大学本科毕业后，她拿到了美国伊利诺伊大学的全额奖学金，去学核物理专业。（因为在西屋电气的核电站工作过，毕业后美国政府差点不让她回来。）

回国后席琛进了国企，负责近十亿元的核电站项目。

但自从有了宝宝之后，她就离职回归家庭了。前两天，我得知她居然边带孩子边做了一个化妆品品牌，而且在一个产品还没卖出去的时候，就投入了几百万元。

下面是关于席琛创业这一年"提心吊胆"的故事。

"自从回国后，国内化妆品的价格就把我给惊到了——同一个产品，都是官方渠道，国内比国外的价格几乎高一倍！"

"我平时用的一些牌子如兰蔻、雅诗兰黛、SK-Ⅱ的价格，在中国市场的定价普遍高很多。特别是面膜，一片就要上百元。"

在寻找替代品的过程中，席琛并没有发现很合适的选择。相反，随着对化妆品的了解越来越多，她发现了一个巨大的市场空白：

国内缺少一些低价格高品质的面膜，如果她能做出一款好产品，就非常有把握拿下一块不错的市场。

"要做一款价格便宜，品质和大牌相媲美的面膜。"有了这个想法后，席琛第一时间就让周边的女性朋友们投票，选出她们觉得最好用、最想拥有的面膜。在收到了 1073 份投票后，SK-Ⅱ的"前男友"面膜和雅诗兰黛的"钢铁侠"面膜稳居前两位。

席琛下定决心当一个面膜行业的搅局者——"我要做一款和 SK-Ⅱ 一样品质的面膜，然后再以较低的价格卖出去。"

这篇文案的标题为"我那个负责十亿元项目的清华女同学，辞职后亏了百万元，现在在朋友圈卖面膜"。

标题有三个短句，每个短句里都有关键词吸引客户的眼球，"负责十亿元项目""清华女同学""亏了百万元""朋友圈卖面膜"。

标题的前面是"高大上"的光环，后面是在朋友圈卖面膜。2018 年时，在朋友圈卖面膜的人基本上都处于"人人喊打"的状态，前后构成了冲突，就引发了客户的好奇。

第一段讲席琛是我一个在清华读书的同学，本科毕业后在美国学核物理，毕业后美国政府差点不让她回来。这都是真事，戏剧性很强，会吸引客户继续看下去。

另外，在开头讲她的这些背景和经历，除了吸引客户的眼球之外，还有就是给后面她研发产品的内容做铺垫。正因为她有这样的背景和经历，所以她能找到优秀的厂家合作。否则如果随便一个普通人都能找到优秀的厂家合作，拿到好的资源和配方，别人也不相信。

第二段我继续用一系列既吸引人眼球又有反差的文字去激发客户的好奇心：在国企负责近十亿元的项目，辞职做化妆品，投入了几百万元……

到这里文案还没有跟客户的需求产生关系，只是通过人物的故事背景，让客户产生了好奇。但仅此还不够，所以接下来，我就要切入客户的需求点了。

接下来讲到在国内购买化妆品的一个普遍痛点——知名品牌的化妆品太贵，随随便便一个牌子动辄七八百元。在正式的文案里，我还给了两张 SK-II 面膜价格的截图，来证明和强化这点。

再往下的内容，就是把话题往面膜上聚焦，前面讲的还是化妆品，后面不知不觉就在讲面膜了。同时这部分内容也是在讲主人公的创业动机——她为什么会做这个品牌。

很多文案在讲主人公的故事时，对于动机都是一笔带过。比如说主人公原本是某企业的高管，某天突发奇想，然后就辞职去做了一款产品，还满口说是为了客户的利益。客户当然不信。

就好像诺兰导演的电影《蝙蝠侠》，如果去掉布鲁斯·韦恩一步一步变成蝙蝠侠的事件和动机，两个多小时全是蝙蝠侠大战小丑、蝙蝠侠大战双面人的画面，即便是画面超酷、特效超炫，也不会有很好的评分和口碑。

接着讲席琛做了调研，SK-II 面膜的得分最高。这个投票当时也确实是真的做了，在这里写出来，是为了凸显 SK-II 面膜的受欢迎程度。因为席琛的产品是对标 SK-II 的，SK-II 越好，席琛的产品自然也越好。我吹捧自己的产品是自卖自夸，但是吹捧 SK-II 是不会让你反感的。但是，SK-II 面膜太贵了，一般人买不起，我的产品你能消费得起，就这样将客户的注意力转移到我的产品上了。

这就是我最喜欢的一种开头的写法，用一些吸引眼球的词语、故事，勾起客户的好奇心。接着再去切入客户的痛点，然后再引入产品。

文案开头的误区

新手写文案开头时容易陷入两个误区。

第一个误区是文案开头没有承接标题，开头的内容与标题相差太大。

如果文案的标题是"×××的最新写真，速看速删!"结果读者点进去后发现你开头压根就没讲×××，而是在讲另一个人，那他肯定会迅速关掉文案。

读者是被标题中的承诺吸引进来的，所以我们要在文案的开头快速地满足读者的阅读欲望，然后再留下新的悬念。不要一个坑还没填完，就开始挖下一个坑。

第二个误区是神转折。

所谓神转折，是指一些卖货的广告，前面行文都很正常，不涉及产品，到结尾突然来一个转折，突然开始卖产品，而这个产品在前文从来都没有提到过，读者压根没有心理准备。

这种文案的转化率是很差的，因为对产品的说明太少了。

我们在文案开头激发客户的兴趣之后，就要把话题引入产品或者故事主人公身上，千万不要藏着掖着。想象一下，你在看一部时长 120 分钟的剧情片，主角最后 20 分钟才出现，你会是什么感觉？

本章作业

下面是一篇卖抗衰老的护肤品的文案的开头，你可以把抗衰老的产品换成治疗失眠的产品，试着仿写一下。

亲爱的朋友：

当你的年龄过了 20 岁之后，你是否会担心青春逝去、容颜变老？请检查一下，你的脸上是否已经出现了下面这些问题：

（1）皱纹出现在了眼角、额头和嘴角。

（2）脸颊上长了色斑，而且色斑的面积越来越大。

（3）肤色枯黄，且暗淡无光。

（4）肌肤失去了弹性，变得越来越松弛。

如果你正被上面的问题困扰，那么无论男女，我都建议你花几分钟时间来看看我这篇文章。

我叫×××，今年 38 岁，拥有 15 年的专业经验，是中国××协会的副会长，也是两个孩子的妈妈。

过去的 5 年之内，我和我的团队找到了一个简单又科学的方法，可以让你在几个月内改善皱纹、色斑，解决肌肤松弛问题。我们甚至可以让你比同龄人年轻十几岁。

......

文案开头直白地描绘了 4 个衰老的场景，让客户对号入座。接下来，交代了主人公的专业背景，让你相信她接下来说的话是有依据的。

这里还有一点非常关键，就是"今年 38 岁，也是两个孩子的妈妈"。为什么要写这句话？因为这篇文案的目标读者大多是这个年龄段的，用共同身份可以博得一份亲切感。

前面讲了随着年龄的增长皮肤会出现的问题，接下来告诉客户，她有一个神秘的方法，能让同龄人年轻十几岁。

这句话对爱美女性的威力，不亚于海贼们听到海贼王罗杰的大秘宝是真的一样。是什么方法呢？暂时不告诉你，先吊着你的胃口，接下来听她细说吧。（你已经被她"上锁"了。）

这种写法也非常经典、好用：

（1）你有×××痛点。

（2）我在这方面很专业。

（3）我有好的方法，能解决你的痛点。

第 10 章

品牌故事

————

故事充满魔力。

回想一下你听过的一些课程和演讲，真正让你印象深刻的，可能都与故事有关。世界上绝大多数宗教，都是以讲故事的方式进行传播的。

我是一个很理性的人，在本书中，我很想只给你提供理论和案例，然后补充一些数据，这样写书对我来说会非常轻松。

但是，回忆一下这本书的前几章，我讲了好几个故事。读完本书一个星期以后，你还会记得哪些内容？可能其他内容你都忘记了，但你会记得我讲的故事，比如霍普金斯的故事，因为故事很容易被人记住。

回到我们的文案写作上，到上一章为止，你已经成功地抓住了客户的注意力，也激发了客户的兴趣，把客户"锁"在了你的文案中。

接下来客户可能会对你产生一些评判和质疑：我为什么相信你？如果不能让客户发自内心地信任你，他是绝对不会购买的。

这就像你路过火车站，一个长得像街溜子的人走过来，凑到你耳边小声跟你说："兄弟，iPhone14 要不要？2000元一台。"你肯定心动，但你会买吗？大概率不会，因为你不信任他。所以他再怎么说，你都不会买。

所以你接下来就必须得想方设法让客户信任你，怎么做呢？最好的方式就是讲故事。

还记得我们在第 7 章讲过的"三两"酒的那篇文案吗？

那是我们在 2018 年写的文案，当时"三两"是一个刚推出的新品牌。因为"三两"的酿酒师家族与五粮液有一些渊源，所以整篇文案的主旨就是去"蹭"五粮液的背书。

其中用了几大段的篇幅去写陈茂椿和五粮液，就是为了塑造酿酒师陈茂椿和五粮液的价值。如果在文案中直接"吹捧""三两"，会让客户反感，但是怎么"吹捧"五粮液都没关系。

而因为"三两"的酿酒师是陈茂椿的儿子陈尚智，家学渊源，父亲厉害，儿子自然也不会差到哪里去。

前面对陈茂椿和五粮液的价值塑造，就顺水推舟地转移到"三两"身上了。

文案中的"陈氏最古老、最传统的配方""和五粮液同宗同质同料""一脉相承的极简小酒"是品牌的核心定位，也是品牌最想传达给客户的内容。

前面讲了一大段故事，最终目的就是为向客户强调"三两"是五粮液一脉相承的小酒。

试想，如果没有前面的故事，直接介绍后面"三两"的内容，你会是什么反应？肯定是不相信。但是讲了酿酒师的家族故事之后呢？你相信了。

这就是故事的作用。

小品牌讲初心，大品牌讲背书

小品牌和大品牌在讲故事时侧重点不一样。小品牌讲故事，要多去讲自己的初心——当初为什么会做这个品牌，以及中间经历了什么。

就像经历了一场冒险之旅一样，起初生活很美好，后来遭遇了×××痛苦，于是决定出发上路，最终发现做这个品牌才是唯一的答案。（这里的痛苦，也是目标客户所经历的。）

上面这段话，就是小品牌写故事的一个范本。

具体怎么写呢？还记得我在前文提到过的那篇卖洗衣凝珠的文案吗？下面来看一下那篇文案是如何讲故事的。

……

今年年初，我做了一个出乎大家意料的决定——跑去工厂做调研。

刚回国那几年，我的工作强度相当大，下班回到家经常是夜里九十点钟了，只希望回家能瘫到沙发上休息会儿，可是经常有一堆脏衣服要洗。

内外衣裤得分开洗，袜子得单独洗，深色衣服和浅色衣服还得分开洗……太麻烦了。可如果偷个懒一起洗的话又担心会洗不干净、不卫生。

有次下班回到家已经是半夜了，洗衣服时不小心把一瓶洗衣液踢翻了，流了满满一拖鞋，一下子就情绪崩了。

问了几位闺蜜，我发现不止我一个人有这样的困扰——白天忙碌一天，到晚上还得洗衣服，尤其是合租的女生，大家要轮流用洗衣机洗衣服，经常是得到半夜才洗完。

我记得以前在英国，周围的人用的是一种叫洗衣凝珠的产品，用洗衣凝珠洗衣服时可以混洗，既不怕串色，也更卫生。可我在国内没找到这种产品，买进口的又实在太麻烦，而且还贵。

"那么方便的洗衣凝珠，国外都在用了，为什么中国就没有人做？"当时我就觉得非常奇怪。

到这里，主要是在讲用洗衣液洗衣服的痛点，让客户对号入座。接下来就开始讲创业的故事了。

我专程到一家服装工厂请教了从事服装、化工行业 20 余年的前辈，没想到前辈私下的一番话，给了我一记当头暴击。

"做洗衣凝珠？现在都用洗衣液，谁会去做这种尝试，教育市场的成本太高了。而且现在品牌商们都在忙着打价格战，偷工减料还来不及。"

"偷工减料？"

……

后面两个月我连续走访了近 10 家工厂，越深入了解，越发觉得心惊：吃准消费者对洗衣用品不太上心的心理，洗涤行业近 10 年来都没有什么进步。大部分投入都用在了广告方面，研发费用持续削减，产品质量问题频出。

我被震撼到了！在收集了大量的行业信息后，我的心里开始慢慢升起一个想法：

"我想做一款为中国女性而设计的洗衣凝珠产品，让衣服可以放心混洗，而且成分要安全可靠。"

随后我征集了身边近 80 位女性朋友的意见，这个想法得到了很多人的肯定，这方面确实是行业空白。通过朋友引荐，我找到中山大学材料系曾晖教授的团队，他们答应和我合作研发这款产品。

……

好，故事先讲到这里。此刻你心里是什么感觉？是嫌我打断你，还想继续阅读下去吗？如果是这样，那这个故事就起作用了，它会吸引你继续往下看。

我们平常看电影或电视剧时，经常会跟着主人公一起哭、一起笑。我至今都忘不了，我妈当初看《大长今》时，一会儿哭得稀里哗啦，一会儿笑得合不拢嘴。

文案中的故事也是一样。尤其是当读者看到你与他身上有着相似的地方，你们遇到了相同的麻烦，有着共同的痛苦时，他就会觉得，你肯定理解他。

如果读者发现，你们面临的这些共同问题，你克服了，而他却没有，那么他就会倾向于求助于你。

这就是故事为什么会产生作用，当然前提是故事是真实的。真实的故事，才会具体、充满细节，才更容易打动人。

以上说的是小品牌如何讲故事，对于大品牌而言，因为其已经"功成名就"了，所以讲故事时就可以多去讲自己的品牌背书和畅销数据。就像一个将军荣归故里，一边在村头大碗饮酒，一边给村里的黄口小儿讲自己当年的大漠传奇。（不要让"大品牌"三个字给吓到了，有了一定的销售数据和知名度，即可选择这个方向）。

我们之前写过一篇卖内蒙古小米的文案，创造了一天销售额超过百万元的成绩，卖了十几吨小米出去。文案中的故事如下。

向大家介绍一下我们合作的种植基地，王社长是种植基地的负责人，今年已经65岁了。

王社长的种植基地从 2008 年就开始进行有机种植了，截至目前该种植基地已经连续 11 年被有关机构认证为有机种植了。这也是黄爸跑过的那么多基地中，唯一一家连续 10 年以上被认证为有机种植的基地了。

2010 年时，因为在有机种植上取得了不错的成绩，王社长还被邀请到人民大会堂参加会议。

2015 年，王社长还因为在有机种植方面做出的突出贡献而获得了联合国粮农组织颁授的"全球重要农业文化遗产保护突出贡献奖"。

联合国粮农组织颁发的奖项是国际性的大奖，相当于粮农界的奥斯卡奖。

文案写得很简单，主要是罗列了一下合作方过往的背书和成绩，来证明品牌的实力和专业性。品牌背书和销量就是实力的最佳证明，更容易说服别人。

讲故事，不要讲道理

你觉得文案中的故事和我们平常讲的故事一样吗？

不一样，二者最大的差别在于文案中的故事是服务于销售的。

因此，在文案中讲故事，你需要有目的性，在讲故事的过程中，你要完成销售任务才行。

我们在文案中讲故事的时候，要在里面埋下一个一个销售卖点，要讲述客户购买这个品牌产品的逻辑。

你会发现，这些逻辑、卖点，如果不通过故事的形式去呈现，就会显得非常生硬。如果客户不要，你硬塞给他，那么他的抵抗心理就会很强。

我举一个自己的案例。我创立了一个功能性零食品牌，叫安贝森。之前在写文案时，就遇到了一个很大的难点。

我们有一款产品是蛋白棒。一般人对蛋白棒的认知是健身增肌用的，其实配合饮食的话，用蛋白棒来代餐，减肥效果很好，也很健康。

我们在推广这款产品时，主推的理念就是通过蛋白棒代餐，以低碳水化合物、高蛋白的饮食方式进行减肥。

当我们对客户进行销售时，发现客户往往会陷入一个很大的误区，就是他们认为通过控制饮食进行减肥，就是不吃主食，或者不吃晚饭（节食）。

"我现在不吃晚饭都没瘦下来，晚上多吃一根你这个蛋白棒，就能瘦吗？"

如果你是专业人士，那你当然知道，通过控制饮食进行减肥，最重要的是控制饮食结构（碳水化合物、脂肪、蛋白质的比例），而不是饮食的量，并不是单纯少吃就能瘦。

但不少客户不懂这些。

所以，我要在文案中对这点进行重点"教育"。在最早的一版文案中，我是像下面这样写的。

说到通过控制饮食来减肥，很多人的第一反应就是不吃主食、天天吃素食。我有个朋友就是这样做的，好不容易瘦下来，身体却变得非常虚弱，脸和肚子上出现了好多皱纹，皮肤松弛下垂，看起来像老了 7 岁一样！

这是因为饮食结构不合理，你的身体进入生存模式，开始"吃"自己的肌肉，这样不仅让你气色变差，也会降低你的减肥效率。

因此减肥不能不吃主食、天天吃素食，在降低热量吸收的同时，你一定要提高蛋白质的摄入比例。

那要摄入多少蛋白质呢？你可以简单算一下。1 千克体重需要摄入 1 克左右的蛋白质，一个体重 50 千克的女孩子，每天至少需要摄入 50 克蛋白质（注意是纯蛋白质含量）。

以蛋白质含量较高的鸡蛋为例，一个鸡蛋白大约含有 6~7 克蛋白质，要想获得 50 克蛋白质，就大概需要吃七八只鸡蛋，更别说其他蛋白质含量低的食物了。

你要是胃口小，或者不是特别爱吃肉，光靠每天的饮食很难摄入足够的蛋白质，这时蛋白棒就是很好的补充。

而安贝森蛋白棒采用了 5 重蛋白组合，1 根蛋白棒的蛋白质含量相当于 4 杯纯牛奶，1 根就能满足你一天 25% 以上的蛋白质需求，让你健康地瘦下去。

从上面的文案中可以看出我在做什么呢？我在给客户讲道理："你这样不对……为什么不对……你要这样……这样才行……"

这篇文案写出来后我们去推广，发现效果并不好。为什么？因为讲道理是很生硬的。

尤其是当你讲的道理跟客户原本的认知不一样时，客户就不想听你讲，也很难认同你。（你说这么多，不就是想让我掏钱嘛。）

那要怎样做呢？把道理"包裹"在故事里，故事是"软"的，客户不想听道理，但是愿意听故事，听完了故事，自然也就接受道理了。

在文学创作中，有一句话叫"展示，不要讲述"。

无论是写小说还是拍摄电影，都要遵循这个原则。意思是，你要给读者/观众看什么，就要通过故事或者冲突展示出来，而不是直接说出来。

契诃夫说："不要告诉我月光很明亮，让我看到那碎玻璃上闪烁的光。"

告诉你月光很明亮，是讲述。用玻璃反射月光，是展示。直接告诉客户节食减肥不好，是讲述。用故事向客户展示你的发现和体悟，是展示。

后来，我对文案进行了改写，如下。

她怀孕时胖了将近60斤，因为产后盲目减肥，遭到医生的警告……

对于减肥的人来说，饮食比运动更重要。但，怎么吃真的很讲究，并不是简单的节食。

薇薇安在深圳做培训师，怀孕之后体重从98斤飙到150斤。生完孩子，她发现自己瘦不回去了。（这里要放一张她生完孩子发福的照片。）

原本都是自己主持公司会议，现在薇薇安站在那就觉得尴尬。

于是薇薇安就开始通过节食来减肥，后来发展到不吃主食，只吃青菜，有时候甚至连晚饭都不吃。虽然体重一度下降了7斤，但她的身体却变得非常虚弱，还导致了内分泌紊乱。

她找医生咨询后才知道，她之前的减肥方式是错误的：

虽然她通过少吃肉类、不吃主食降低了热量摄入，但身体会消耗其他能量来维持生命（三大能量来源：碳水化合物、脂肪、蛋白质）。

但身体并不会如她所愿去消耗脂肪，反而是去大量消耗蛋白质。也就是说她的身体开始消耗自己的肌肉和皮肤，来给自己供能。

这不仅让她气色变差，身体变虚弱，并且还会使热量代谢减少，反而降低了减肥效率。一旦忍不住多吃几顿，就会反弹回去。

因此医生建议她通过高蛋白质、低热量的饮食方法来瘦身。（这也是我为什么不推荐谷物代餐粥那些食物，这些食物中碳水化合物的含量太高，蛋白质的含量太低。）

高蛋白食物不仅能维持肌肉的生长和皮肤的弹性，还有助于燃烧更多的脂肪，让你瘦得更快。

但有一个问题就是，你要是胃口小，或者不是顿顿吃牛排和三文鱼这类食物，仅靠日常饮食很难吸收足够的蛋白质。

你可以简单算一下。1 千克体重需要摄入 1 克左右的蛋白质，一个体重为 50 千克的女孩子，每天至少需要摄入 50 克蛋白质（注意是纯蛋白质含量）。

幸运的是，薇薇安找到了这款安贝森蛋白棒，仅用了两个半月的时间就成功瘦身。最近听她说，因为被问得太多，她不得不给客户分享瘦身方法。（这里要放一张瘦身前后的对比照。）

也正是她的案例，让我有足够的信心，给你推荐这款安贝森蛋白棒。品牌方承诺：提供专业营养师进行免费指导，直到你瘦下来为止！

我把那些道理"包裹"在故事里，通过故事中主人公的遭遇，让客户自己意识到什么是好的，什么是不好的，这就是展示。其实一点都不复杂，而且效果好很多。

如果你的品牌真的没故事可讲，那么可以参考上面的文案，讲你的客户的故事。

看完本章后，我们前文提到的那个长得像街溜子的人学会了通过故事来建立信任，现在他摇身一变成了一个西装革履的小哥。

他现在走向你，向你展示了胸前挂着的苹果手机专卖店的工作证（真实的），然后告诉你，他们现在正在做 iPhone14 新机测试活动，要在这个城市找 100 名试用者。只需要 2000 元，就能获得一部市场价 1.8 万元的 iPhone14 新机。

当然，这是有条件的。他们会远程监测你的手机 App 使用情况。但是请放心，他们绝对不会监测你的聊天内容，你的所有账号和密码数据都处于保护之中。

"旁边这张纸是安全保密条款，这是 iPhone 官方的手机检测设备，你可以看一下，同意的话签个字，当场就可以把手机拿走。如果你不放心的话，可以拨打×××××××，跟官方核实一下……"

如果是上面这个场景，你会心动吗？至少比"兄弟，iPhone14 要不要？2000 元一台"要可信得多，对吧？

本章作业

我们在前面讲过，小品牌讲故事，可以记住这句话：

"起初生活很美好，后来遭遇了×××痛苦，于是决定出发上路，最终发现做这个品牌才是唯一的答案。"

下面是一个枕头品牌的故事，可以作为参考。

他叫曾××，是广东省某知名医院康复医学科的医生。没想到发生在家人身上的一件小事，改变了曾医生的研究方向，为什么呢？

去年，他的侄女初中生小蕾，有段时间受到失眠的困扰：

晚上辗转反侧到深夜才能入睡；早上起来依然困倦，一整天都觉得疲惫，一天喝 3 杯咖啡都提不起精神来；坐在那里看书，只觉得脖子、肩膀酸痛，像背了一块沉重的石板。

起初家人以为是学习压力大，所以没太在意。这种情况持续了一周多依然没有改善，家人才意识到问题的严重性，然后带她去医院就诊。

曾医生诊断后发现，这么小的孩子居然已经患上了颈椎病！

"正常人的颈椎并不是直的，而是有一个生理曲度。"曾医生说，"但是可能因为经常长时间低头学习，小蕾的颈椎几乎是没有生理曲度的。"

但曾医生认为，低头学习应该不是颈椎病的根源，否则那么多高考生，岂不都患上了颈椎病？

经过询问后曾医生发现，原来小蕾患上颈椎病的元凶居然是家里的枕头。

其实，枕头并不是用来给"头"枕的，而是给"脖子"枕的，目的是让颈椎得到放松。白天颈椎的负荷很大，晚上枕头来"换岗"，颈椎就可以"下班"休息了。

然而，如果枕头过硬、过软，或者高度不合适，会导致颈椎得不到放松，进而引起晚上失眠、白天疲惫等一系列连锁反应。

在选枕头方面有个最大的难点，就是每个人的身高、体重和颈椎的情况都不同，枕头应该是一个量身定制的产品，但现实中大家都只能买到统一板型的枕头。

最好的枕头应该是为你量身定制的，只有一些高端的线下店才提供这样的服务，但定制枕头的价格要 2000 元起……

曾医生接待的病人，都是颈椎已经出了问题的。他虽然医术高超，可以帮病人康复，却没有办法提前预防颈椎病的发生。

这让他一度很是苦恼，这次侄女的事情则彻底点燃了他的内心，他决定自己做一款颈椎定制枕头，让大家不用多花冤枉钱，就能选到一款专为自己设计的枕头。

"大家都不得颈椎病，那多好。"

参照上面的文案，试着写一下你的品牌故事。

第11章

产品卖点

在建立信任之后，接下来我们就要刺激客户，让他对你卖的东西产生购买欲望。

如果你做过销售，肯定听过一句话叫"价值不到，价格不报"。

客户问你的产品多少钱时，不要直接回答他具体价格，而是先把产品的价值感塑造出来，让他产生购买欲望，然后再报价。否则你报价多少，他都会觉得贵。

在文案当中，刺激客户购买欲望的任务，一般是通过介绍产品卖点来完成的。

你觉得"价值"和"价值感"一样吗？不一样，价值是实实在在的性价比；而价值感不是真实存在的，是一种虚拟的感觉，这就意味着价值感是可以被塑造的。

很多产品的性价比不如竞品高，但就是卖得比竞品好，就是因为其价值感塑造得好。

如何塑造价值感

如果你时常感到焦虑，推荐你看看阿兰·德波顿的《身份的焦虑》，这是一本充满智慧的书，相信能缓解你的焦虑。

不过，我看这本书的目的正好相反，我是研究怎样给别人制造焦虑的，我也真的得到了答案，那就是"对比"。

简单说，怎样才会让你感到焦虑？当你所在的群体中的其他人都有（做）了某一个东西（某一件事），而你却没有（没做），你就会焦虑。

这里的关键是"群体"，你认为自己是哪个群体的，你就只会和他们对比。

普通人在看到"段永平比去年多赚了10亿元""雷军今晚要睡不着觉"这类消息时，不会有感觉，因为普通人不觉得自己和江南春、雷军是一类人。

想象一下下面这些情况：早上，你来到办公室，发现坐在你对面那个跟你业绩差不多，甚至你一直觉得能力不如你的同事，突然升职了；中午，高中同学群里发来消息，你的初恋女友结婚了，结婚对象是之前跟在你屁股后面的小跟班；晚上，去菜市场买菜时，你看到住在你家对面小区的大爷逢人就派烟，因为他的儿子在县城给他买了一套新房……

遇到上面这些情况时，你或多或少都会焦虑或者失落。

对比会让你产生焦虑。同样，对比也会塑造出产品的价值感。

我在使用对比技巧写文案时有一个"三板斧"：

（1）定标准。

（2）竞品哪里不好。

（3）我的产品哪里好。

对比"三板斧"

在销售行业里，有个技巧叫"洗脑"，听起来很难听，但却很重要。其实"洗脑"换一种说法就是"影响客户的决策标准"。

我的一个朋友毕业后在一家管理软件公司工作，当时他们公司的产品都是在微软的 SQL Sever 数据库中运行的。

有一天他们去投标时发现，客户要求数据库将来必须要放到小型机上。而微软的 SQL Sever 数据库只能装在 PC 机上，不能装在小型机上。

他说，客户的这句话就等于给他们的产品判了死刑。

其实从对方公司的情况来看根本不需要小型机，但是客户已经被其他销售人员给"洗脑"了：小型机等于高性能，他的决策标准被改变了。

人们很容易坚持自己的想法，即使那是错误的。而一旦观念形成后，你想去改变它就很难了。

我们经常说教育市场，教育客户，所谓"教育"，就是去树立整个市场、客户的决策标准。

一些有经验的创业者会告诉你，尽量不要去做需要教育市场的事情，因为太难了。但如果你做成了，你就是行业的领导者。

所以一流的销售都是在贩卖标准。

回到我们的文案，在介绍产品卖点时，你首先要给客户塑造一个标准。

只有他接受了这个标准，你才有机会和他介绍"竞品哪里不好，我的产品哪里好"。

来看两个具体的例子。

下面是我们在黄妈家卖藜麦的一篇文案，看一下我们是怎样通过对比来塑造产品价值感的。

通过和很多种植基地进行沟通，又参考了国家标准，最后我们才总结出了分辨藜麦好坏简单有效的 4 种方法。

在总结这些方法时，还发生了一个小插曲，有个小伙伴发出疑问："如果教了大家那么多的方法，他们不买我们的藜麦怎么办？"

但我恰恰觉得，只有大家都懂得如何挑选了，才会知道我们的藜麦是多么优质，才是更适合宝宝吃的。就算以后大家在其他的地方买藜麦也能避坑，少走很多弯路。

先告诉你有 4 种判断方法，这些方法是和种植基地进行沟通并参考国家标准后总结出来的，是有依据的，也是有权威性的。

后面告诉你，我们要教会你如何挑选，少走弯路，不买我们的藜麦也没事。这也是在进一步建立信任。

1. 看一看

藜麦的好坏，通过肉眼观察就能很容易分辨出来。

一看颜色：优质的藜麦特别干净，而且色泽好，劣质的藜麦则又灰又暗。

二看饱满度：优质的藜麦粒粒饱满，劣质的藜麦则颗粒干瘪。

2. 搓一搓

藜麦的表面有一层皂苷，如果去除得不干净，人体摄入过多的皂苷就会导致拉肚子。有些藜麦加工厂去除皂苷的工艺技术不成熟，导致藜麦表面有皂苷残留。

我们可以通过用手搓的方法来进行分辨。搓完后，如果掌心出现了一些细小的白色碎末，有点像头皮屑，就说明藜麦的皂苷没有处理干净、有残留。

而优质的藜麦搓完后手上很干净，不会有皂苷残留。

3. 泡一泡

俗话说得好："藜麦好不好，泡泡就知道。"

一看发芽率：藜麦经过长时间的浸泡就会发芽。从发芽率我们也可以看出一款藜麦的新鲜程度，而藜麦的营养成分也多集中在它的胚芽上。优质的藜麦发芽率很高，而劣质的藜麦发芽率大大降低，营养流失严重。

二看清澈度：优质藜麦加水浸泡后，水是清澈的，几乎没有杂质。而劣质藜麦加水浸泡后，水色混浊，有很多杂质。

4. 尝一尝

当然味道也是很重要的一个测评指标，优质藜麦入口清香，白藜麦软糯，三色藜麦有嚼劲儿。而品质差的藜麦，入口发涩。

色泽好坏、饱满度、有无皂苷残留、发芽率高低、清澈度、入口是否有清香，这些都是我们给出的标准，并且在每项标准下面，我们都会放上非常明显的图片对比，直观清晰，高下立判。

再来看一个案例，是一款用来清洁头皮的洗发水的文案。

很多人经常会头皮发痒，一抓指甲里都是白泥，越抓头皮屑越多。

出现这种问题的主要原因，就是头皮的环境被破坏，导致头皮油脂分泌旺盛，头皮表面的头螨、真菌（譬如马拉色菌）等就会拼命繁殖，引发毛囊炎、头屑甚至是脱发的情况。

这时，头皮就会处于亚健康状态，可能你换了各式各样的洗发水，却依旧没什么改善。

那是因为洗发水的主要功效是清洁头发上的油垢、头屑、灰尘等，以保持头发的洁净美观，但并没有清洁头皮的作用。因此许多污垢、螨虫、真菌都没有被清理。

而真正有效的洗头方式，是洗两遍，先洗头皮，再洗头发。只有头皮干净了，才会真正干爽，哪怕三天不洗头也不油不痒。

这款头皮素是从优质青蒿中提取出来的，成分温和，能够平衡头皮环境，减少头皮油脂分泌。

它的控油能力有多强？来做个小实验。

把这款头皮素滴到加了油的清水里，可以看到油脂肉眼可见地快速溶解了。这时候，再用清水一冲即可。

换一种常见品牌的普通洗发水，水中的油脂则不能完全溶解，可见其控油能力一般。

这款头皮素采用谷氨酸钠－小分子结构氨基酸体系，泡沫是非常细腻的，能够深入清洁头皮，带走多余油脂，让头皮长时间保持清爽干净。

上面这几段文案先是告诉你，清洁头皮很重要。

然后告诉你要先洗头皮再洗头发，这样才能减少头皮油脂的分泌。（给客户定标准。）

最后用一个实验测试给你看，把这款头皮素滴到加了油的水里，油脂快速溶解了。而换了普通的洗发水，油脂不能完全溶解。（竞品不行，我行。）

价值感容易塑造，也容易消失。当然，如果你制定的标准立得住的话，价值感就能维持得更长久。

通过对比制造情感体验

当然，一定会有人说，我的产品确实不如别人的产品，各方面都比不过怎么办？

哪怕不和别的产品对比，也可以使用对比手法，让客户产生跌宕起伏的情感体验，最终塑造出产品的价值感。

举个例子，阿米尔·汗有一部电影叫《神秘巨星》，里面有这样的桥段：

上一个场景是母亲和女儿的欢声笑语，运用各种歌舞慢镜头来表达母女的温情；下一个场景就是父亲一脸阴鸷地回到家中，开始对母亲家暴，配乐、灯光、摄影让观众紧张到了极点……

这种上一秒天堂、下一秒地狱的桥段在这部电影里反复出现，但观众就是百看不厌，每看一次拳头都握得更紧。

其实编剧就是想重点刻画父亲对母亲家暴的场景，这部电影就是控诉印度家暴问题的。

但是在一段"坏"场景之前，一定要先插入一段充满欢声笑语的"好"场景，把观众的情绪抬得很高，然后下一秒再把过山车的轨道抽掉，让观众重重地摔下去，从而创造跌宕起伏的情感体验。

这样观众就觉得，这部电影好有"感觉"。（悲剧，就是把美好的东西撕碎给人看。）

反之亦然。如果想重点展现开心、令人兴奋的场景，就会先给观众刻画一个沉重、令人绝望的场景。让观众感觉女主人公马上要被坏人杀死了，都不敢睁开眼看，下一秒男主人公登场狂虐坏人，让观众大呼过瘾，看得好爽。

在剧本创作手法里，这叫"气氛铺垫"，用语文课本中讲的内容来形容，就是"先抑后扬""先扬后抑"。同样，这也是对比的技巧。

在销售文案中，也可以用这个技巧。下面看一个孕育管理工具的推广文案。

这是我一个朋友做的产品，他是一个投资人，娶了一个比他小 10 岁的妻子。他把自己的经历发布在小红书上，阅读量超过百万。评论区里有各种声音，有骂他的，有骂他老婆的，也有夸他好男人、夸他老婆漂亮的。

他是在浙江医科大学学的临床医学专业，已经比很多人更懂医学，但即便如此，在妻子怀孕期间，他也遇到了各种问题，妻子也差点患上抑郁症。

出于投资人的敏感，他后来去调研了 200 位宝妈，发现只有2%的宝妈，在孕期和产后过得特别舒心，绝大多数宝妈都过得不开心。

最终，他在2020年年初决定创业，用他的宝宝的名字成立了一个品牌，叫果果孕育。

这是一款专门为孕妈设计的孕育管理工具，从备孕到孕期到产后护理再到育儿，全方位地服务于孕妈。这款孕育管理工具包括：

一套"1+5"硬件检测设备，母婴健康检测宝盒+体重秤+胎心仪+额温枪+血压计+血糖仪。

一个在线管理App，记录孕期的所有数据。用仪器测量，数据可以自动更新，记录生成孕期健康日志。一旦有哪个指标不正常，App就会立刻亮红灯提醒你。除此之外，还会更进一步帮你制定一份孕期行程规划表，什么时候去医院，做什么检查，要带什么资料，有什么注意事项，全部帮你规划好。

一套实时问诊系统，全国10000多名医生供你在线咨询，轻松解决孕期各种小问题的困扰。

还有一个孕育百科知识库，针对家庭不同角色精准化推送，宝妈可以设置内容，以平台的名义推送给婆婆，让医生去"教育"，以免产生婆媳纠纷等。

下面看一下实时问诊系统的卖点在文案中是怎么写的。

怀孕后你会发现，身边熟悉或者不熟悉的人都成了专家，都能七嘴八舌地说上两句，向你传授一些育儿经。

面对各种信息不知如何选择，宝妈就得自己去学习，花几百元买书，甚至花几千元或者上万元去上课。

最可怕的不是不懂，而是学习了错误的知识，并应用在实践中。现在很多育儿论坛真是让人害怕，里面有很多脑残帖子，你看了之后都会心疼那些还未出生的宝宝。

除了育儿之外，还有医疗问题。孕妈经常会感觉身体不舒服，总往医院跑也不现实。

针对上面这些问题，我特地找到了我国互联网医院里的十强企业——微脉互联网医院合作，有来自全国 1000 多家公立医院的 10000 多名医生在线实时问诊，为孕期保驾护航。

感觉身体不舒服时，孕妈随时可以在 App 上提问，并且可以得到医生的实时回复。

看到这里，你对这款产品感兴趣了吗？问一问自己，如果你身边有孕妇朋友，你是不是也愿意把这款产品推荐给她？

其实 App 上有医生在线问诊已经很普遍了，但是如果平铺直叙地讲出来，客户就不会觉得有什么特别的。

如果前面先铺垫一下，讲孕妈学习孕期知识有多么难，然后再讲我们的产品有这样的功能，对比之后，就能凸显这款产品的价值。

在我写本章内容时，有部名为《真·三国无双》的电影正在上映，里面有一个情节很有意思。

袁绍率领 18 路诸侯勤王，董卓派华雄叫阵，关羽想出战被刘备一个眼神拦下。等到袁绍这边无将可派，全军都慌了的时候，刘备才示意关羽出战，从而温酒斩华雄，威震华夏。

反之，如果关羽第一个出战，一刀斩了华雄，大家只会说华雄没本事，不会说关羽厉害。

对于文案也是同理，你的产品可以解决某个问题，如果这个问题不够严重，不够突出，那又如何显得你的产品功能强大？

本章作业

下面是一款面膜的推广文案，是用对比"三板斧"技巧来写的。

对于一款面膜来说，除了原料以外，好膜布也相当重要。一般来说，市场上的面膜有一个缺点：

由于成本原因，大部分面膜都是单线裁剪，导致膜布单薄，承托不住水。一打开就半包水，面膜贴在脸上水就往下滴，甚至会顺着脸流到脖子上。

为了解决这个问题，大部分面膜都会添加一片珠光膜来给膜布定型。但是，只要是珠光膜就会含有荧光剂，很

163

容易分解出有害物质，溶于面膜精华液中，大大增加了过敏的概率。

而且因为部分珠光膜和膜布之间的贴合度不够好，所以在注射精华液时会有过多空气残留在包装袋里，很容易滋生细菌。

植卡美面膜的膜布采用独特的"三明治"结构（内外三层），比一般的膜布要厚，能承载超过自身重量 13 倍的水分精华。（因此这款面膜上脸后，精华液不会顺着脖子流得到处都是。）

植卡美面膜不仅完全不需要珠光膜，而且还吸油不吸水。如果敷着敷着忘记了时间，也不用担心脸越敷越干了。

可以把面膜替换成你的产品，不用更改句式，仿写一下试试看。

第12章

使用体验

————

　　我写这一章时，正值广州的夏天，晚上闷热得睡不着觉，所以我就买了一床真丝四件套。

　　它比普通的纯棉床品的吸汗性和透气性要好，盖在身上感觉非常丝滑，而且比普通的被子还要轻。由于采用活性印染，所以用起来很安全。它的价格是 1500 元，可水洗，支持 7 天无理由退货。

　　如果你看上面这段话时，也正值闷热的夏天，那么根据我的描述，你会买一床真丝四件套吗？我觉得不会。

　　我已经跟你讲了它的卖点：吸汗、透气、轻、活性印染，以及价格优势和 7 天无理由退货。你为什么还不买呢？

　　因为你只是了解了它的卖点，你知道你可能需要它，但这些并不会"打动"你去购买。需要和想要之间还有一个巨大的鸿沟。

　　那么，为了"逼"你买这床真丝四件套，我还能说什么？

除了说服你的大脑，我还要说服你的感官，让你的眼睛、鼻子、皮肤，甚至耳朵和舌头都想要它！

这就是我们在讲完产品卖点之后，紧接着要做的事情，写出我们的产品的使用体验。

我们要强化五种感官（视觉、听觉、嗅觉、味觉、触觉）的体验，把我们产品的使用场景，"塞进"客户的大脑里，让他沉浸在这种体验刺激中，产生强烈的购买渴望。

刚刚拿到它时，正好入夏升温。

我从袋子里取出来，没拿稳，它直接从两手间滑落到床上。用手背在被面上摩擦，感觉特别光滑、柔软，让人担心随时会化掉。

将四件套铺上床，刚好窗外一缕阳光洒进来，轻柔的被面上泛起一阵流光，像一汪湖水在流动，透着丝丝凉意。在燥热的季节，也能让人瞬间心静。

躺上床，仿佛有一大片软绵绵的云朵覆盖着身体，毫无负担。翻个身，真丝没有阻碍地在皮肤上滑过，细细柔柔的，像芍药花瓣一样丝滑。

我属于怕热易出汗的，炎热的夏天躺在床上几分钟，就会觉得背部汗渍粘腻，黏糊糊、湿漉漉，让人烦躁。

所以我每次都是洗好澡就钻进被窝，然后把空调开到最大，希望能快速入睡。当然，经常是以失败告终。

然而，当我躺进真丝被窝时，即使不开空调，也觉得清爽，全然没有闷燥的感觉。被窝像是会呼吸一样，将多余的汗气和热气都排了出去，透气、不闷。

　　这种凉爽，就像你穿行于竹林间，一阵清风徐徐吹来，凉而不冰。当你闭上眼睛，稍不留意，就会陷入它的"温柔乡"中，不知不觉间就被"哄睡"。

　　一夜好梦……

　　好的，虽然很残忍，但我不得不把你从被窝里拽出来了。现在你是什么感觉？想要体验一下这床真丝四件套吗？

　　上面的文案是我花5分钟的时间写的，再看看品牌方最初写的，你就知道差距有多大了。

　　今天给大家介绍的是床品中顶级的真丝系列，真的太奢华了！

　　真丝材质的衣服相信很多人都买过，体验感真的是无话可说，想象一下全身被真丝材质的面料包住的感觉，是不是很美好？

　　精致的女人怎么少得了真丝！这床真丝四件套质地柔软，宛若精美的艺术品，给肌肤以宠爱。纯色印染更加突出面料本身的质感，奢华低调，轻松驾驭各种主流家居风格！

感官催眠销售

世界最伟大的销售员——乔·吉拉德，保持了连续 12 年平均每天销售 6 辆车的纪录，至今无人能破。

他在销售汽车时，有一个小秘诀，就是销售气味——他会"逼"每个客户都闻闻新车的味道，"一旦他们上了车坐下来并闻到了新车的气味，他们就想买它了"。

人们在购物时，会被理性的逻辑说服，但真正打动他们的往往是情感上的体验。所以你必须学会如何销售情感体验。而销售感官体验，就是在销售情感体验。

大多数人的情感体验是匮乏的，词汇量也是很贫乏的。你让他们去形容，他们只会说，这个零食很好吃，那个酒很好喝，这个衣服穿起来很舒服……

很好喝、很好吃、很舒服等抽象的词汇，在别人的脑海里是没有场景感的，所以就也没办法被感知。

你要做的，是破除他们大脑中原本枯燥而模糊的感觉，用鲜艳、响亮、可口、芬芳、尖锐的感受取而代之。

具体怎么做呢？我们一个一个来分析。

视觉体验

当你将苹果卖给客户时，你可能会这样讲："每一个苹果都是我家里人亲手摘的。"

如果你用上视觉体验，则可能是这样讲："这一打脆脆的苹果，每一个都是我 63 岁的老妈精挑细选的。每天天刚蒙蒙亮，当草叶子上还挂着露珠时，她就起床了。一手挎着篮子，一手提着小板凳去摘苹果。差不多摘满一篮子的时候，金色的阳光刚好穿过雾气，一缕一缕地洒在果园里。"

"每一个苹果"，苹果长什么样？红的还是绿的？大的还是小的？

"我家里人"，家里谁？高还是矮？穿什么衣服？是鲜艳的还是朴素的？

"亲手摘的"，在哪里摘的？摘的时候是什么样的画面？

把这些抽象模的词汇用一个个具体的画面表达出来。从抽象到具体，不要质疑，就这么简单。

你想想，你是愿意吃一块普通的榴梿蛋糕，还是想吃一大块采用新鲜的榴梿、薄薄的手擀黄油面皮做成的，顶上还加了一大勺巧克力冰激凌的榴梿蛋糕？

听觉体验

奥美创始人大卫·奥格威曾写过一个经典标题：在时速 60 英里时，这辆劳斯莱斯上的最大噪声来自它的电子钟。这就是在销售听觉体验。

我写的第一篇卖货文案，是帮我的一个朋友卖日历。

他开发了一款 App 叫"潮汐"，在上面你可以听到风吹麦浪、野地篝火、夏日雷雨、山间鸟语等自然声音，帮助你专注、冥想和睡眠。

这是一款非常棒的 App，已经上了无数次苹果精选。我失眠时，就会打开它播放暴雨的声音，这会让我回想起小时候在老家的经历，会让我觉得很有安全感，不知不觉间就入睡了。

2017 年 9 月，这位朋友来找我帮他写文案。在早期，"潮汐"虽然已经有了 300 多万用户，但都是免费的，没有什么流水。所以他希望这款日历能给公司带来一些收入。

这篇文案写出来之后，效果很好，最终他卖出去了大概 5 万份日历。

这款日历的特殊之处在于朋友特地为它开发了一款小程序，每一页上都有一个小程序码，扫码之后可播放当天的精选声音。

睡觉前扫一下，伴着自然之声入眠。

6 月 20 日，这一天的声音是"海"，你会感到温柔的海浪拂过脚面，阳光落在早上 10 点半的安达曼海岸，大海漾起涟漪。12 月 29 日，雪落满窗的冬。盖上毯子，可以听到草原上暖洋洋的篝火声，刺啦啦地响。

每个声音背后都有一个故事：驱车 20 里，凌晨一点在溪水边录切蔬菜的声音；从梦中爬起，守着一场夜雨直到天明。长达四五个小时的专业录制，最后只剪辑成 7 分钟的音频。

你可不要小瞧，同样是水声，有石门前的山谷流水，有静心宁神的千岛湖湖水，还有桥洞下杂草间的泪泪流水。一曲水边敲钵让我魂牵梦绕。

我最喜欢在晚上睡前听。昨天心烦久久不能入眠，打开音乐，一眨眼就来到下午两点半的广西老屋，所有的雨都被揉进一个夏天，倾泻在青黑的屋檐上。大雨声中，大脑瞬间被清空，一夜好梦。

每一天的日历，都是和大自然的一次久别重逢。一本日历就是一个私人的自然博物馆，而每张日历都是聆听世界万物的音乐会门票……

通过运用听觉的写法，我卖的就不再是一本日历，而是一张聆听世界万物的音乐会门票。

嗅觉体验

我在卖洗衣凝珠时靠的就是嗅觉体验。单单卖一款比洗衣液高级一点的产品是没有什么吸引力的，但迷人的香味是女士所无法拒绝的，所以我将销售重心放在了洗衣凝珠的香味上。

用它洗完衣服，打开洗衣机的瞬间，就能闻到一股天然植物清香，不是那种普通洗衣液的味道，而是香水味。

前调是清新香甜的蔓越莓香，中调是淡雅的玫瑰香，后调是馥郁神秘的松木香。

它的香味可以持续 24 小时。有位用户说，有次收衣服时整个阳台都飘着甜甜的蔓越莓香味，男友从客厅走过时都惊呆了，问她："最近是换香水了吗？这次这个不错，好闻。"

我自己有一次临时出差，从衣柜里随便抓了几件衣服就塞进箱子。到机场过安检，一拉开拉链，整个行李箱都是衣服的松木香，感觉特别神奇！

我记得以前老家商业街上有一家烤鸭店，老板在店里摆放了一台一人高的风扇，对着烤鸭往外吹，走在街对面都能闻到那股油脂香味。一些条件不好的家庭，都要特地避开那一段路，防止小孩闻到香味，哭着闹着要吃烤鸭……

如果你的产品在功能上没有什么独特之处，但是却能让人有很明显的感官体验，那么相信我，不妨将销售重点放在感官体验上。

味觉体验

接下来是味觉体验。我们举一个在微信公众号上卖蜂蜜的案例。品牌方的文案是这样描写蜂蜜味道的：

我品尝了一口蜂蜜，这种味道让我终生难忘，香甜可口，比我之前吃过的任何一种蜂蜜，都要好吃很多……

老实说这个文案还行，但是还不够好。"好吃"究竟是多好吃？是怎样一种感觉？文案中没有描绘出来。

下面的文案是我写的。

用勺子轻轻破开蜜脾，晶莹的蜂蜜瞬间涌出，挖一勺送入口中，牙齿轻轻一咬，榨出蜂巢里的蜜汁儿来。清香透甜的蜜汁儿在嘴里缓缓流淌，一股花香也从舌尖散开。蜜丝儿又细又滑，就算是不常吃蜂蜜的人，直接用勺子挖着吃也不会腻。

嚼一嚼，3分钟后吐出蜂蜡，可以清洁嘴巴。吃完很久，口腔里都还有一股清香味，让人忍不住地咂嘴。

把抽象的好吃，变成了"蜜汁儿在嘴里缓缓流淌""花香也从舌尖散开"……当我只是说好吃时，你是无法感受到的。只有我形容得十分具体，你才能体会到那是一种什么感觉。

触觉体验

最后是触觉体验，看一篇乳胶枕的销售文案。

用手举起，轻轻一捏软软滑滑的，像婴儿皮肤一样，让人感觉非常舒服。放在床上，在上面躺了 5 分钟，就感觉僵着的脖子肌肉放松了下来，好像有按摩师在脖子后悄悄按摩过一样。轻轻地抖动枕芯，好像在抖动一块果冻，很有弹性。

文案当中还配了一张抖动枕芯的动图，真的像果冻一样很有弹性，让你想象枕上去该有多舒服。

再来看一篇 SKG 颈椎按摩仪的文案，也是将触觉体验体现得淋漓尽致。

它有 15 个档位，你可以随心所欲地调整不同的力度，从而不必担心"老中医"按得太用力或者太轻。从按下按键、蓝色指示灯亮起的那刻开始，它随时听你指挥。

调到 1 档的时候，它是母亲温柔的手，轻轻地抚过你。调到 4 到 5 档的时候，它是孩子调皮有力的拳头，你会慢慢地感受到疲劳消失。在调到 5 到 10 档的时候，时而是用力的捶打，时而是阵阵脉冲如轻微触电般的小推拿。而开到 15 档时，你的身体会有些许轻微的颤动，神经微微紧张，它是功率极小的马达，一步一步开进你的病灶，直达根源，它在用尽全力疗愈你。

沉浸式场景体验

在文案当中，我们写完产品卖点之后，就是用上面讲的五种感官的方式，写出产品的使用体验。

根据产品特性，你可以重点描绘一两种感官体验，也可以将五种感官体验全部描绘出来，让客户沉浸在使用你的产品的场景里。

我们在为客户搭建这样一个场景时，有两个关键点：一个是时间线，一个是动作。

时间线怎么理解？回看前面描写真丝四件套的那部分内容，我描写的顺序是：

（1）从袋子里取出来。

（2）铺在床上。

（3）躺上去盖着。

（4）翻身。

（5）入睡体验。

这就是我们睡觉时体验一款四件套的过程。按照时间顺序来写，客户会很自然地跟着你想象。

如果你描写的时间线错乱了，按照（3）-（1）-（2）-（5）-（4）这个顺序写，那么你搭建的场景就是一个虚假的场景。客户还需要费脑子去想象，效果就会大打折扣。

另外就是动作。看两段描写蜂蜜的对比，除了细节更具体以外，我还加了很多动作进去："用勺子破开""蜂蜜瞬间涌出""挖一勺送入口中""牙齿轻轻一咬""榨出蜜汁儿""蜜汁儿在嘴里流淌""花香从舌尖散开""嚼一嚼"

"吐出蜂蜡""忍不住砸嘴"。

动作越多，画面感就会越强，客户的感受也就会更深刻。

你可以想象一下下面两个场景。

A 场景：乔峰站在聚贤庄门口，大喊一声"降龙十八掌"，敌人应声而倒。

B 场景：乔峰站在聚贤庄门口，大喊一声"降龙十八掌"，只见他左腿微屈，右臂内弯，右掌划了个圆圈，"呼"的一声，向外推去，凭空化出一道金色巨龙撞入人群中，敌人应声而倒。

你觉得哪个场景更有画面感？肯定是 B 场景。

回到我们的文案中，简单来说，描写产品的使用体验，就是写出在使用这个产品时：

第一步你做了什么，感受到了什么（看、听、嗅、尝、摸到了什么）。

第二步你做了什么，感受到了什么（看、听、嗅、尝、摸到了什么）。

……

即"时间线 + 动作 + 五官感受"，就是这么简单，也是这么有用。不信你看一下面的文案。

富平柿饼的果面披着白霜，柔韧的果皮包裹着流动的果浆，让人忍不住咬一口。

舌头刚触碰，糖霜就化了。咬上一口，外层紧实有嚼劲，里边果肉却比糯米糍还软，在牙齿间跳跃，相当有趣。

轻轻吸一口果肉中间红彤彤的糖浆，让其在口腔"流窜"，嘴巴各个角落都溢满香甜，别提有多满足了。

质润如脂，清香沁脾，一年中也只在这几个月，才能尝到这份流向心间的软糯香甜。

第一步，披着白霜，流动的果浆，这是视觉。

第二步，舌头触碰，糖霜化了，咬上一口，外层紧实有嚼劲，果肉在牙齿间跳跃，这是味觉和触觉。

第三步，轻轻吸一口，糖浆在口腔"流窜"，满口香甜，这是味觉和触觉。

......

本章作业

如果你想进一步学习这方面的写作技巧，可以阅读梁实秋先生的《雅舍谈吃》。本章作业就是阅读《雅舍谈吃》的任意3章。如果你有兴趣，可以抄写下面摘录的这几段文字。

北平烤羊肉以前门肉市正阳楼为最有名，主要是工料细致，无论是上脑、黄瓜条、三叉、大肥片，都切得飞薄，切肉的师傅就在柜台近处表演他的刀法，一块肉用一块布蒙盖着，一手按着肉一手切，刀法利落。肉不是电冰柜里的冻肉（从前没有电冰柜），就是冬寒天冻，肉还是软软的，没有手艺是切不好的。

正阳楼的烤肉支子，比烤肉宛、烤肉季的要小得多，直径不过一尺，放在四张八仙桌子上，都是摆在小院里，四围是四把条凳。三五个一伙围着一个桌子，抬起一条腿踩在条凳上，边烤边饮边吃边说笑，这是标准的吃烤肉的架势。不像烤肉宛那样的大支子，十几条大汉在熊熊烈火周围，一面烤肉一面烤人。女客喜欢到正阳楼吃烤肉，地方比较文静一些，不愿意露天自己烤，伙计们可以烤好送进房里来。烤肉用的不是炭，不是柴，是烧过除烟的松树枝子，所以带有特殊香气。烤肉不需多少作料，有大葱、芫荽、酱油就行。

正阳楼的烧饼是一绝，薄薄的两层皮，一面粘芝麻，打开来会冒一股滚烫的热气，中间可以塞进一大箸子烤肉，咬上去，软。普通的芝麻酱烧饼不对劲，中间有芯子，太厚实，夹不了多少肉。

我在青岛住了四年，想起北平烤羊肉就馋涎欲滴。可巧厚德福饭庄从北平运来大批冷冻羊肉片，我灵机一动，托人在北平为我定制了一具烤肉支子。支子有一定的规格尺度，不是外行人可以随便制造的。我的支子运来之后，大宴宾客，命儿辈到寓所后山拾松塔盈筐，敷在炭上，松香浓郁。烤肉佐以潍县特产大葱，真如锦上添花，葱白粗如甘蔗，斜切成片，细嫩而甜，吃得皆大欢喜。

第 13 章

客户证言

————

假如你新开了一家淘宝店（卖内衣），你每天都要花 1 万元做推广，平均每天有 100 个客户进店咨询，即获客成本为 100 元。哪怕客户问你一句"在吗"，然后就不理你了，你也要花费 100 元。

在这 100 个客户中，你平均每天能成交 20 个，即成交率为 20%。如果客单价为 579 元，那么每天的销售额为 11580（20×579）元。

你平均每天投入 1 万元，销售额为 11580 元，算上产品成本、人工成本等，你的店其实是略微亏损的。不过这个行业的客户黏性比较高，你想着前期亏损也没关系，后面把钱再慢慢赚回来就行。

可是，最近有个同行拼命地做推广，使大家的获客成本都提高了。

原本你的获客成本为 100 元，现在要 120 元才行，每天花费 1 万元，只有 83 个客户进店咨询。成交率也从原来的 20% 下降到 17%，也就是每天只能成交 14（83×17%）个客户。

每天花 1 万元的推广费，现在的销售额下降到了 8106（14×579）元。做生意不赚钱咱们能接受，可是每天都在血亏受不了。都怪这个同行！最可恨的是，这个同行的销售额还在增长！

你想了很多办法也没用，难过、无助……

有一天，你突然看到了一篇文案，里面竟然提到了那个同行！

你好，我叫小雅，31 岁，今天被媒老板获客学堂"逼着"来和大家做个分享。

4 年前，我和朋友合伙在淘宝开了一家内衣店，招聘了 15 个客服，每年的营业额为 2500 万元左右，这一度让我觉得我们的经营情况还不错。

但是有一段时间，行业内出现了一家公司，在推广上的投入非常大。

我猜测这家公司的转化率应该特别高，所以才敢在获客成本这么高的情况下投入这么多的推广费用。一打听才得知，这家公司的转化率为 31%，而我们只有 26%。

之后，我和客服主管沟通多次，想尽办法提高转化率，但都收效甚微。

直到我经朋友介绍认识了一个人——静茹老师。

静茹老师看了我们客服的聊天记录后，一针见血地指出了我们订单流失的主要原因：

客服不敢帮客户做决定，不敢正面回答客户的问题，专业度和自信心不够，没有一套系统的成交话术，很多时候都按照平时的聊天喜好去和客户沟通……

为此她给我们的客服做了几次培训，并给出了一系列话术优化建议：

遇到说贵的客户怎么办，遇到说考虑考虑的客户怎么回，如何引导客户说出真正的想法，怎样提升客户的信任度……

取得一些效果之后，我们又一起迭代话术。

我让团队按照静茹老师说的做，两个月后转化率比以前提升了13%，单月业绩提升了近20万元。2019年"双十二"当天转化率为67.7%，营业额为123万元！

……

最后你发现这是一篇成交话术课程的广告，三周的线上课的价格为699元。

你在心里盘算："不知道真实效果如何，但是里面的案例和好评看起来好像很真实。另外这个价格还没有每天亏损的钱多，最主要的是竞争对手也去上课了，不行，我必须得去听一听。"

上面说的就是我们本章要讲的客户证言。我们在讲完产品卖点、使用体验之后，最后再来一个"重拳出击"，通过跟你情况相似的客户的证言，彻底击垮你的心理防线，激发你的购买欲望。

如果你什么都不会，就只做好这一件事

客户证言是一个非常强大的营销因素。如果你看完本书一个月后，哪怕别的内容你都忘了，我也希望你能够记住这一章。

还记得我们在本书开头讲的霍普金斯卖吸尘器的案例吗？

霍普金斯在必胜公司做了几年之后，想要跳槽到芝加哥一家叫斯威夫特的食品公司做广告经理。

这家公司当时每年在广告上投入 30 万美元，是美国当时最大的广告客户之一。霍普金斯之前所在的必胜公司，广告预算还不及斯威夫特的十分之一，所以他十分想去这家公司。

霍普金斯只身跑到芝加哥，一番辗转之后，终于见到负责人里奇先生，告诉他自己是来应聘的。结果却热脸贴了冷屁股，碰了一鼻子灰。

我说道："里奇先生，我是来应聘的。"

他和善地对我微笑着，问了我的名字和地址，然后在

一张纸上写下了我的名字。我的名字前面已经写了一串人名。

我问道："这些人都是什么来头？"他说："怎么了？这些也是求职者。一共105人，你排在第106位。"

我怔住了，106个人都认为自己能做这个高管，简直是不知天高地厚。我回过头对里奇先生说："我来这里，主要是想学习做广告的基本原则，并非一定要拿下这个职位。我还是很喜欢大溪城，我觉得在那里很舒服，但是这个职位对我来说是一个挑战，我会向你证明我才是最合适的人选。"

里奇先生又笑了，他说："那你就来吧，祝你好运。我们等着你来说服我们。"简单地聊了几句之后，他就让我走了。

接下来霍普金斯做的事情值得每一个人学习。因为霍普金斯的过往经历，所以他熟悉芝加哥的所有大型广告公司。那天下午霍普金斯挨家挨户去找他们，拜托他们给里奇先生写封信，谈谈他们对霍普金斯的看法，说说他做广告的水平。

后来霍普金斯又去了《大溪城先驱报》，承诺给他们每天免费写几篇文章，教广告主如何做广告，唯一的条件就是让他署名，并且刊登他的照片。（当然，他所有的文章都针对斯威夫特，写给里奇看的。）

经过三个星期的"轰炸"，斯威夫特发来电报，邀请霍普金斯去芝加哥。最终霍普金斯成功入职，开始了新的传奇生涯。

类似的事情，我们在刚开始创业做培训时也做过，那时候我们没有任何资源和预算。

培训行业有一个定律，叫"三友（有）定律"。说的是一个讲师开课，第一次来的是亲友，第二次来的是亲友的亲友，第三次来的是"没有"。意思就是一个讲师想要开三次以上的课是很难的，大部分老师开两次课之后就招不到学员了。

而我们媒老板获客学堂在没有任何推广预算、没有任何销售人员的情况下，连开了几年课，场场爆满，在业内算是不错的成绩。

我们的招生情况一直很好，有两个诀窍：一个是文案，另一个就是请学员帮忙。

我们最开始是教别人怎么做微信公众号的，所以第一篇文案就写了 10 个身边的朋友通过微信公众号改变自我的案例。这篇文案的标题叫《"公众号至少让我少奋斗了 10 年"，10 个普通人通过公众号赚了钱的真事》。

有一个学员，在朋友的推荐下约见了我，咨询完之后给我打赏了 1 万元钱。

这个学员快 30 岁时还一事无成，他想要改变自己，于是开始密集拜访牛人，开始疯狂读书。他一年见了上百位牛人，读了好几箱子书，他把自己的经历、感悟发在微信公众号上。没想到，他的很多文章都传播极广，影响了很多人。

不到两年，他运营的两个微信公众号的粉丝加起来突破 100 万，现在一条广告费 6 万元。这个人是就是剽悍一只猫。

我和他一直互为师友，他累计向我推荐了将近 30 个付费咨询学员，推荐了至少 300 人来上我的课。

……

这 10 个案例的结构都一样：主人公遇到了各种问题，后来通过运营微信公众号解决了。不过案例主人公的身份各不相同，遇到的问题也各不相同，从而可以影响各类人群。最终我们的第一期课程招生效果非常好。

另外一个诀窍就是邀请老学员发朋友圈。有了学员之后，我们就想办法邀请学员来给我们做见证，帮我们发朋友圈。

比如说我们这个月 8 号要发推文，开始新一期课程的招生，我会在 7 号跟上一期的学员联系，告诉他们："明天晚上 8 点，我们要推新一期课程的招生文案，你们能不能帮忙在朋友圈转发一下？"一般来说，在 100 个人中，大概有 80 个人愿意帮忙。

到了 8 号晚上 7 点半，我会把推文链接发给他们，为了方便他们转发，我也会提前写好话术（有些学员也会自己写）。等到了晚上 8 点，大家一起发朋友圈，造成一种刷屏的效果，为招生造势。

在媒老板获客学堂，重视和积累客户案例是我们的战略级工作。积累下来的案例，可以作为营销素材来使用。

我们在 2019 年帮助牛轧糖第一品牌——苏小糖，从零开始搭建了私域流量体系，最终效果非常好。之后，我们就把整个操盘过程写成了一篇 2 万字左右的文章发到网上，全网阅读量超过 200 万，我们后面合作的很多大客户都是因为看了这个案例才找过来的。

我们甚至会在招聘文案中加入老同事的案例，下面这篇文案就吸引了超过 200 人来应聘。

我们团队的优点之一，就是尊重每一个人的天赋和个性化发展。

我们会根据每一个人的性格优势来安排岗位，我们的管理层都是 MBTI 授权认证师。

举个例子，如果你看过我们课程的质检报告，可能会很惊讶是怎么做出来的，其实这是我们的研溪小姐姐做的。

刚开始来公司时，她一直找不到最适合自己的岗位，先后担任过编辑、课程研发、短视频运营等多个岗位，虽然都做得还不错，但是她感觉并不快乐。

"你那么爱挑刺，不如去做质检吧，哪门课不好就把哪门课砍掉。"

"好，这个我擅长，嘻嘻。"

之后，她硬是把我们整体的课程质量提升了几个层次，媒老板获客学堂的课程这么受欢迎，和她有很大的关系。

所以，如果你什么营销知识都不懂，但还想好好卖货，那么请你记住，积累并宣传你的客户案例，就是最重要的事情。

如何写好客户证言

那在文案当中，如何写好客户证言呢？最重要的一点，是客户身份的选择。

下面来看一下，我在植卡美那篇文案当中是如何写的。

深圳一个做模特的客户，收到试用装后的第二天就立马下单买了三盒，她说："感觉和SK-Ⅱ面膜差不多。我前一天下午敷的，到了第二天晚上还感觉皮肤是水嫩的。特别是面膜中的精华液很多，用不完的我就抹抹手臂和大腿。"

还有一个客户是北京某医院的护士，经朋友推荐用了我们的面膜，一下子就成了这款面膜的忠实粉丝。"我是过敏性皮肤，脸干时敷面膜会有点疼，但用这款面膜没问题，敷完后感觉皮肤水嫩，早晨起床后皮肤有没那么油腻了，而且皮肤好像也更有光泽了，鼻子两边的毛孔小了很多。"

最有意思的是，买得最多的居然是一个男士。领了一片试用装之后，他就一次性买了 20 盒。"开始还以为他是打算做代理。"席琛笑着说，"了解之后我才知道，原来他之前省吃俭用给女朋友买雅诗兰黛的钢铁侠面膜。他的女朋友试用了我们的面膜后，感觉很好，于是他就很开心地改买我们的面膜了。毕竟买一片钢铁侠面膜的钱就可以买一盒我们的面膜。"

看一下三个客户案例的身份选择：一个深圳的模特，一个北京某医院的护士，一个男士。

一个模特和一个护士给你推荐面膜，你的直观感觉如何？

是不是觉得面膜好像还不错？为什么？因为在我们的认知中，模特和护士是很懂得护肤的人，她们认可的面膜应该不会差，这就是客户身份的暗示。

为什么我卖一款女性的面膜，会特意去写一个男士的案例？因为这篇文案投放渠道的目标受众有很多男士，我想让这些男士也都去买我们的面膜。我想通过文案告诉这些男士：你看人家买这么多植卡美面膜送给女朋友，你也应该这么做，而且还不用花很多钱。

客户案例有一个非常重要的作用，就是导向作用——

你宣传什么样的客户案例，你就会吸引什么样的客户群。

想通了这点后，我们探索出一个非常高效的引流方法，即每天在今日头条上写一篇客户案例，而且只写一个客户的案例。

具体结构如下，把这 3 点写清楚即可：

（1）我是谁？

（2）我现在处于什么状态？

（3）像我这样的人在这种状态下该怎么做？

就按照这个逻辑，把整篇文案写具体、写清楚。如果读者的情况跟文案中客户的情况类似，他就会很感兴趣。

本章作业

写出让你印象深刻的 3 个客户的案例，注意写清楚他们的身份，以及你的产品给他们带来的改变。

第 14 章

促进下单

————

本章是我们文案初稿的最后一章。

看完本书前面的内容，不知道你有多少收获，有没有将其中一些文案方法应用于实践？

其实即便你学再多的营销方法，最终都要拿真实的业绩来说话。

当客户对你的产品产生了兴趣，信任你，并且通过你的一番讲解，也对你的产品产生了购买欲望时，你最后要做的，就是击溃他的最后一道心理防线，让他马上掏钱购买。

怎么办呢？在电影《教父》中，当约翰尼·冯塔纳想要一个好莱坞电影角色，而电影制片人不愿意时，他求助于教父维托·柯里昂，问他该怎么办。你猜教父说了什么？

他说："我要给他一个他无法拒绝的理由。"

同样，你也要给客户一个他无法拒绝的成交理由。

你要趴在客户耳边说一段悄悄话，让他像着魔一样，一夜翻来覆去睡不着，第二天一大早红着眼来找你，并且拜托你一定要把钱收下。

总之，要让客户觉得"现在不买就亏了"。（当然我们不是骗子，而是要提供相应的价值。）

我们出售的不是一款产品，而是一整套成交提案。它是围绕着产品，包括效果承诺、价格、支付方式、送货方式、交付方式，以及零风险承诺等所有元素在内的一个组合。

比如我们卖一部手机，售价为 8999 元。我们卖的是一部手机吗？不是，我们卖的是一套组合。不同的组合有不同的卖法。

第一种，你付 8999 元，我给你一部手机，坏了之后，不退也不换。

第二种，你付 8999 元，我给你一部手机，在一个月内如果有任何问题，我给你免费退款。

第三种，我给你一部手机，让你使用一个月，你觉得满意之后再给我 8999 元。如果你不满意，手机退回给我，不收任何费用。

第四种，同第三种，只不过你不用一次性付费给我，你可以分期付款，每月给我 300 元，直到付清为止。

第五种，同第四种，你分期付款给我，同时，我还赠送你价值 8000 元的通话时长，和手机绑定。

第六种，同第五种，你分期付款给我，我赠送你价值 8000 元的通话时长，1 个月内如果你把手机退回给我，话费依然可以送你。

以上就是我们说的成交提案。你记住，我们卖的不是产品，而是围绕着产品的一系列组合提案。不同的提案有不同的吸引力。

简单来说，一个高质量的成交提案，应该包含以下几个要素：

（1）价值承诺。

（2）算账。

（3）零风险承诺。

（4）稀缺政策。

（5）呼吁行动。

价值承诺

大卫·奥格威说过，承诺，大大的承诺，是广告的灵魂。

同样，大大的核心价值承诺，也是成交提案的灵魂。讲了一大堆，到底最后你要给客户提供什么价值呢？

在文案的最后，你需要简洁、清晰地概括出你的产品给客户带来的核心价值，让他明确他到底能获得什么。

父母年纪大了，颈椎疼痛是常事儿，你工作太忙，不能经常陪伴在他们身边。

以前你回家的时候总是给父母买补品、衣服，父母总是责怪你乱花钱。这次，建议你给他们买一个 SKG 颈椎按摩仪，还父母一个健康的颈椎和舒服的睡眠。

"还父母一个健康的颈椎和舒服的睡眠"，这就是价值承诺。

算账

在卖点部分我们讲过，价值不到，价格不报。现在我们已经做了足够多的价值铺垫，最后就可以报价了。

不过报价也是有讲究的，写文案最忌讳的是，你报了价格，却没有对价格进行解释。你凭什么卖这么贵？又或者，你卖这么便宜，真的没什么猫腻吗？

你要帮客户算账，让他相信买你的产品是绝对划算的。

现在你一定迫不及待地想知道价格，市场上的按摩仪良莠不齐，价格太高的我们普通人难以承受，价格太低的质量和功能又很难让人放心。

按照 SKG 颈椎按摩仪的质量和功能，它的价格至少应该为 800 元左右，但是它的售价仅为 439 元，平时偶尔做一次活动最低也是 399 元，便宜 40 元而已。而这次我尽了

最大的努力，为你们争取来的价格是 369 元，比原价低了
70 元！当真是史无前例的便宜！

也就是说花几次按摩的钱，你就能将一个"老中医"
请回家，可以 24 小时给你按摩，30 天还你一个好颈椎！

零风险承诺

相比在线下门店购物，在淘宝和京东购物有一个巨大
的优势，就是 7 天无理由退货。

这就是零风险承诺，大家都已经见怪不怪了，但实际
上还是有很多小的品牌方对自己的产品没自信，不敢做出
这样的承诺。

其实很多新客户都有购买欲望，但是都卡在了最后的
成交环节，他们会担心某些风险。零风险承诺就是成交的
临门一脚，是非常有效的方法，既能保障客户的利益，也
能提高转化率。

比如在我们的培训机构里，所有线下课都有零风险承
诺。哪怕你已经上完了两天的课程，然后跟我们工作人员
说，我对课程不满意，我要退款，我们也会给你退款。这
就是对课程质量的自信。当然，对于恶意退费的客户，下
一次我们也不会欢迎。

天然酵素必然比化学表面活性剂的成本更高，但我们
不会忘记研发它的初心，为了让更多人都能感受到它的便

利，我们把价格定为了每筒 69.9 元。

由于现在是新品发售阶段，我和品牌方争取到了一个"双 11"都不会有的特惠价：立减 30 元，现在每筒只需 39.9 元。

因为产品较新奇，担心大家有顾虑，所以我们给大家准备了一份安心险：对于任意套餐，下单即送 1 袋价值 14.9 元的体验装，免费试用，若不喜欢，没拆开过的正装 30 天内享受无条件包邮退货。

另外，我们针对粉丝推出了 3 筒超级特惠价，仅限 3 天：现在 3 筒特惠价仅为 89.9 元，相当于每筒才 20 多元！我们推荐大家购买 3 筒装，这是性价比最高的套餐。

随着正品推出一份试用装，这样即使客户试用之后不满意，无理由退款，也能减少你的损失。

稀缺政策

人都有拖延的习惯，所以一旦客户有了购买欲望，你就必须要让他马上采取行动。

如何做呢？就是要通过稀缺政策营造出一种稀缺感、紧迫感，可以是限时优惠，也可以是限量的赠品。

总之，要让他觉得现在不买，他就亏了。

我们团购的是柏翠高配静音款。

　　柏翠的这款面包机分高配和低配两个型号，高配款的促销价是 899 元，我们的团购价是 688 元，足足省了 200 多元。

高配款和低配款的区别

　　高配款和低配款的区别很大，我用一个图示（图略）来讲解。

超值惊喜 1

　　除了价格比促销价便宜 200 多元之外，黄妈还要柏翠给我们赠送了面包粉、手套和酵母，面包机到手后就能马上做个面包试试。

超值惊喜 2

　　另外，我们还和柏翠签订了面包机一年内以换代修的售后协议。

超值惊喜 3

　　面包机除了做面包，还可以做宝宝的面食，柏翠再赠送 8 节面食课程，帮妈妈们解决不知道如何给宝宝做面食的烦恼。

超值惊喜 4

　　前两个小时（10 点半前）晒单送冰激凌桶。

　　因为微信对添加好友人数的限制，导致很多宝妈还没有加上黄妈助理的微信。大家也不要着急，如果还没通过好友申请，可以先拍下，只要是在前两个小时下单的，之后再发送订单截图给助理，也会送冰激凌桶。

超值但是却有限的赠品，以及限时的价格优惠，能促使客户现在就购买。

呼吁行动

最后就是号召客户现在就付款，或者是添加我们的客服进行咨询，等等。

你要清晰、果断、有力地给客户一个具体的动作指令，而不是拖拖拉拉、犹犹豫豫、模模糊糊地呼吁。

哪怕你是让客户加客服的微信进行咨询，也要告诉他们，加了客服的微信之后，第一句话要问什么。（很多人加了客户的微信之后，不知道要说什么，所以你要告诉他们）

这里一定要注意，不要增加客户的行动成本。客户很想买你的枸杞汁，你却让客户填写一张 50 个问题的调研表，这就无形中增加了客户的行动成本。

还有些人在文案最后让客户又是关注，又是收藏，又是下单，又是评论，给了太多的动作指令，这也会影响转化率。

我们要给客户一个单一的动作指令，即下单。

花一顿饭的钱，就能买到性价比如此高的套装。如果担心自己用不完，还可以和妈妈一起用，正好临近母亲节，可以组个母女同款。

如果你是男士，可以买来送给妈妈、女友、爱人，都是非常好的选择。我们提供 7 天无理由退换货、半年保修服务，现在购买还赠送奢华首饰礼盒。

点击"阅读原文"带走 520 套装，让爱不再遥远。

做好以上 5 点，你就能做到让客户立刻下单。

本章作业

下面是一个促进下单的模板，本章作业就是把里面的产品替换成你的产品，进行仿写。

最后说说价格和价值。

比起价格低廉的皂基和合成氨基酸，×××的产品原料成本要高出很多，再加上独特的净水功效，洗头洗澡护肤三合一的功能，家长用起来会放心省心很多。

比起动辄几百元的护肤品，海龟爸爸的价格定得很实在。

今天刚好赶上了品牌方的第 100 万瓶庆典活动，错过了就得再等 100 万瓶。活动情况如下：

1 瓶 原价 168 元，"双 11"团购价 135 元；

现价 99 元，省 69 元，还送价值 19 元的 75% 酒精无纺布湿巾1包。

2瓶 原价298元，"双11"团购价219元；

现价158元，省140元，还送价值69元的海龟爸爸便携装1瓶。

3瓶 原价428元，"双11"团购价298元；

现价228元，省200元，还送价值69元的海龟爸爸便携装2瓶。

囤得越多越划算，以上赠品仅限前100名！

建议大家一次性囤3瓶，平均每瓶不到80元，每瓶能用3个多月，平均每天才几毛钱，不仅能给宝宝好的皮肤保护，还能一起享受亲子沐浴的快乐。除了宝宝和孕妇，敏感肌的大人也可以用，真的很超值。

对于售后大家大可放心，品牌方有"三无退货"保障：10天内不满意，无须确认原因、无须确认包装是否完整、无须确认是否回寄，随时可以退款。

品牌方这样做，一方面是为了尽量降低用户的风险，将责任全揽在自己身上；另一方面也是倒逼自己把产品和用户体验做到最好。

这样的贴心宝贝，真心推荐给每一个宝爸宝妈以及敏感肌的人士，用完你会回来感谢我的。

扫描下方的二维码，快快下单吧！

卖爆

爆款文案卖货训练手册

第 4 篇

T：理性——修改优化

第 15 章

文案效率

——————

上一章结束后，我们的文案初稿已经写完了。本章我们不讨论文案写作技巧，讲一下如何提高文案写作的效率。

我最早写的几篇文案，都是花费了一个月的时间来进行构思的，虽然最后效果不错，但是大多数品牌方给的时间不会这么宽裕。

后来我写文案的速度有所提升，从调研到完稿，一周就足够了，甚至最快的时候 3 天就能写好。

我不建议你追求写作的速度，因为这势必会影响你调研和构思的深度，我们只需改变一些不良习惯即可。

写一篇文案的过程，可以简单地分成调研、构思大纲、写初稿、修改 4 个步骤。

在我还是文案新手时，我在这 4 个步骤上花费的时间和精力配比大概是 1:1:7:1，现在大概是 4:2:1:3。

越往精进处走，越要在策划和修改方面下功夫，减少写初稿的时间，就像文案大师盖瑞·亥尔波特所说的那样。

我曾经为多娜·米尔斯写过一篇文章，她是诺茨兰町公司的风云人物。

多娜·米尔斯那时正在销售美瞳产品。我飞到加利福尼亚州的圣塔莫尼卡采访了她，不得不说，她真的非常平易近人。在我的采访文章出炉之后，有人说："天啊，你写得真好！"也有人说："你写文章的速度好快啊！"还有人问我："撰写这篇宣传文章花费了你多少时间呢？"

而我回答说："33 年的长期积累，再加上 45 分钟的厚积薄发。"

写文案慢的两个坑

一般来说，写文案效率低是因为你经常会陷入下面的两个坑。

1. 头脑空白，没想法

如果你面对电脑，头脑一片空白，不知道该写什么，那往往是你没准备好素材，基础工作没做好。

具体的解决办法我们在第 3 章中已经讲过，这里不多谈，重点是下面这个坑。

2. 边写边改，非常纠结

很多人写作时，头脑里都有一个"检察官"。

　　这位"检察官"非常讨厌，他不停地质疑你写的每一个字，觉得这也不好，那也不好，你不得不把一句话翻来覆去地删改好几遍才行。

　　最后你要么就是摔笔臣服，要么就是陷入自我怀疑的情绪里，导致文案难产。相信我，这个"检察官"绝对是你创作生涯中最大的拦路虎！

　　你应该怎么做呢？把"写初稿"和"修改"两个步骤分开。在拟定好大纲之后，就照着大纲一直写即可，想到什么就写什么。

　　不要考虑写得好不好，也不要考虑这些卖点是不是读者想要的，你只需尽你所能，将初稿快速写完。

　　千万记住，不要修改！要一口气写完！

　　在把大纲里的内容都写完之后，你就可以休息了。把文案放在那里"晾一晾"，让自己冷静一段时间。

　　之后，再拿起这篇文案，然后运用我们后面几章所讲的技巧，开始修改即可。

　　标题和开头往往是最难写的两个部分，你不妨先简单写一下，等全文写完之后再去补上。

好文案不是写出来的，而是改出来的

　　写初稿时，你要一气呵成，可以不用计较细节。但是，当你修改时，就需要鸡蛋里挑骨头，每节、每段、每句、

每字都需要仔细斟酌，不断问自己：我学到的文案写作技巧，这里能不能用得上？这句话能不能删掉？这个字是不是可以换一下……

修改文案时，我一般都会修改 4 遍，每遍修改的重点都不一样：

第一轮修改，专门修改逻辑不通的地方；

第二轮修改，逐字逐句地修改，提高文案的吸引力；

第三轮修改，尝试加入更多的营销要素；

第四轮修改，让文案变得更有温度、更有情怀。

修改逻辑不必多说，按照我们前文所讲的结构一路捋下来，保证语言通顺、逻辑无误即可。在后面的两章中，我会重点讲解一下后三轮修改技巧，看看如何让文案变得更有吸引力、销售力、感染力。

好文案不是一遍就能写出来的，而是慢慢改出来的。把一篇文案改 10 遍，你所获得的收益，远远超过写 10 篇新文案所获得的收益。

第 16 章

修改文案

────────

你有没有看过一些直播带货活动？

主播在镜头前声嘶力竭地叫卖："大牌椰子鞋 199 元一双，限量开抢 1000 双。'双十一'都没有这么大的优惠！"

评论区里的观众开始纷纷刷屏："买了买了。""已买，赶快发货。""买了 3 双，什么时候发货？""抢到了，开心！"

你眼睁睁看着小黄车里的商品剩余数量不断减少，还剩 1000 双，还剩 783 双，还剩 241 双。主播举起双臂大喊："还剩 30 双！还剩 10 双！"

你虽然一直故作镇静，但是最后还是按捺不住内心的躁动，加入抢购大军。

然后你关掉了直播，蜷在沙发上打了几把游戏，洗完澡，躺上床，闭上眼准备睡觉的时候，你的脑海里响起一句话：那双鞋买得是不是有点冲动？

很多时候你买东西都是一时冲动，如果你当时克制住了，事后你再回想，就会觉得也没那么想要了。

这种"一时冲动"的感觉，是营销中很重要的一部分，用专业的话说叫销售氛围。我们经常讲"人货场"，在"人货场"中"场"很重要，"场"的核心就是销售氛围。

销售氛围的塑造离不开销售语言的精雕细琢。

这也是修改文章与修改文案的区别所在：修改文章追求的是辞藻优美动人、内容深刻，要的是别人认同，然后转发。而修改文案追求的是把产品卖点以及产品给客户提供的价值说清楚，从而让客户赶快下单。

本章我们就讲解如何修改文案才能让你的文字更具备吸引力。

想让你的文案更有吸引力，你就需要经常用到下面5种句子。

口语句

第一种是口语句。

写文案不是写论文，最忌讳写着写着突然跳出一句：本刊记者认为，著名专家表示，笔者也不能确定……这会让读者感觉很不好，会立刻把你和读者的距离拉开。

好的文案风格应该是怎么样的呢？是奶奶写给你的信。想象那种你坐在床边，展开信件后，听奶奶娓娓道来的亲切感。

你必须让读者在看文案时，就好像闺蜜站在她面前，绘声绘色地给她讲夏天涂这个口红，出去逛街回头率一定很高。

怎么做到呢？记住一个简单的原则——你平常怎样说话，就怎样写文案。

我们公司的编辑写完文案后，我都会让他们站在我面前，把文案读一遍。如果有些句子自己读出来都觉得不顺口，那肯定就是有问题的。

我们要把那些过于书面化的句子改成口语化的表达。

1. 减少不必要的修饰

口语与书面语的一个很大的区别就是，在书面语中，名词前面会有很多修饰。

比如我们用口语会说：

一个女人拎着包走在街上哭。

而用书面语我们会说：

一个灰头土脸的女人，拎着一个皱巴巴的皮包，摇摇晃晃地走了几步，抽抽搭搭地哭了。

女人、包、走、哭，都要修饰一下。

2. 尽量不要用成语，去掉一些书面用语

不要在文案里罗列太多的成语，想一想，你和爸妈讲话时会经常用成语吗？

另外就是尽量不要用过于正式、刻板的表达，就像我前面举的例子：本刊记者认为，著名专家表示……

当然，口语表达也不全是优点，有时会显得啰唆、逻辑不通，还会有一些语病，这是我们要规避的。

在文案中，我们要兼顾口语的"俗"和书面语的"雅"。否则，纯粹口语化的文字，如果不加以编辑，那真是不忍直视。

例如，《黄帝内经说什么》这本书的内容虽然是从节目录音转化而来的，但却兼顾了口语的"俗"和书面语的"雅"，下面是书中部分内容。

徐文兵：对。我们离不开物，生活在这个物的社会里，我们需要住房、开车、穿衣、吃饭。我们需要它们，但是不要让这些东西过分地纠缠于你的内心，也不是要你把心拴在这些东西上。很多人丢了手机好几天都吃不下饭，这叫屑于物。还有很多人就是因为物的问题深深影响到自己的内心。这些都需要一个历练的过程。

记得 1990 年时，我刚毕业，那会儿在东直门医院工作，那时候一个月工资也就七八十元钱，一个月奖金十元

钱。有一次我去买鱼，那个小贩特别坏，我买鱼花了五元五角，给他五十元，他先找我四元五角，然后我扭身就走了，忘了另外的四十元钱他还没找给我。等我想起来再回去跟他要的时候，他死也不承认了。

我为此一星期没吃好饭，因为四十元钱对我来讲就是半个月工资啊！现在想想，那时候一条鱼，那点钱，让自己的内心受到那么深的影响实在不值得。现在别说丢了五十元钱，就算丢上五百元，我眼都不眨，心里也不想，为什么呢？因为这个事我经历过了，经历过以后就跟打了免疫针一样，有免疫力了。

上面这几段文字是编辑过的，虽然是纯口语，但也很流畅。

短句

第二种是短句。

写文案时，能用短句，就不要用长句。

长句读起来很累，因为你要读完整句话，才知道这句话到底要表达什么意思。

短句读起来更容易让人理解，把文案的长句切成短句，就能吸引人一直看。

长短句有各自的节奏，写文案的最高境界当然是长短句结合使用，从而创造让读者感到很舒服的"乐音"，但是在前期写作时，要尽量多用短句。

为什么有些人的文章看起来遣词造句都平平无奇，但你却忍不住地往下看？因为这些文章往往有一个共同点，就是节奏很快。你读的时候，就像是有人推着你往前走一样。

可以用一个公式来理解，文章密度（节奏感）＝文章信息量/文章长度。

文章的信息量越多，长度越短，自然就让人感觉节奏越快。而文章的信息量越少，长度越长，就越让人感觉没有干货。

什么叫信息量？举个例子，像下文这种节奏就很正常，没有太大的信息量。

"我爱你。"他说。

"我也爱你。"她说。

下文的节奏就开始加速了，文字长短变化不大，但是信息量却增加了不少。

"我爱你。"他说。

她冷笑一声，将匕首捅进他的肚子。

下文中包含的信息量就更大了，可能你的思维都跟不上了。

"我爱你。"他说。

"我是你……失散多年的妈妈啊！"她号啕大哭。

想让你的文案的节奏变快，一个是增加信息量，一个就是缩短文案的长度，多用短句就是一个好方法。

问句

第三种是问句。

你要在文案里经常使用一些问句，为什么？因为问句能抓住读者的注意力，让他跟着你的思路读下去。

在心理学中这叫开环，也叫缺口。

当我抛给你一个问题后，我就在你的脑海里创造了一个缺口，你会不由自主地想把这个缺口给填上。回忆一下，让你猜一个谜语，然后又不告诉你谜底时，你有多抓狂，就知道了。

当然我在文案里提问，你是不可能真回答我的。所以你能发现我总是在自问自答。

既然文案这么好用，那么只要找人写一篇文案不就可以了吗？这也是我最想吐槽的地方，好的文案很贵，一篇文案就要收你 1 万 ~ 5 万元，但他们却不会告诉你是怎么写出来的。

那如果招聘一个员工专门负责写文案呢？别提了，就连我们都招聘不到合适的人。

……

说到这里，你一定会问，凭什么你就和那些人不一样，不是忽悠人？恭喜你提出了一个好问题，但是你放心，我早有准备。

问什么问题比较好呢？最好的问题，当然就是你此刻正在看文案时，心里所想所疑虑的问题，我帮你直接问出来，然后再解答。

这时，你就会觉得我很懂你，这也降低了你看文案的难度，你就更愿意看下去。另外，问句多了，你就会觉得文案的互动性很强，就像我就站在你面前和你聊天一样。

罗振宇就是这方面的高手，他非常善于用提问去抓住受众的注意力。他最早做的节目叫《罗辑思维》，具体形式就是在网上每期讲一个主题，时长为 40 分钟到一个小时。很多粉丝都是听音频版的。

不管是音频还是视频，都是口语化的表达。口语和书面语有一个巨大的差异，就是口语是线性的语流结构，书面语是非线性的语流结构。

什么意思呢？比如你在看书时，有一段内容很难懂，你可以停留在这段反复揣摩，或者随时翻阅上下文。而你在课堂上听老师讲高数课时，稍微一走神，就不知道老师讲到哪里了，你没有办法把时间往回拨，听听老师讲的到底是什么。

因为口语是线性的语流机构，所以受众很容易走神，而且也很容易听了后面的，就忘了前面的。所以好的讲述者会做两件事：一是经常提问，把受众的注意力给抓回来；二是经常回顾，告诉受众前面讲了什么，现在讲到了哪里。

因此在节目中，罗振宇会不断抛出各种问题，努力把受众的注意力抓回来，让受众的思维跟着他的思路走。

进化论当中有个天大的缺憾，其实是一个达尔文当时无法解释的现象，就是雄孔雀的尾巴。达尔文在日记里写道："一想到雄孔雀的尾巴我都要反胃和恶心。"因为这个尾巴完全颠覆了他所谓的"自然选择理论"。

不是说适者生存吗？可是这尾巴明显就不适合生存。第一，它耗费能量吧？长那么长。第二，它不方便取食吧？孔雀飞不高啊，还不好避天敌。可是为什么孔雀还要进化出一屏长长的、漂亮华丽的尾巴呢？

这个问题实际上在达尔文的第二本书，也就是《人类的由来》一书里才得以解决，他提出了一个新的假说，说除了自然选择之外，还出现了一种新的选择方式，叫"性选择"。

……

发现了吗？他在不断地抛出问句。我们的文案也是如此，要多用问句。

比喻句

第四种是比喻句。

在语文课中，我们学过各种修辞手法，比如比喻、夸张、排比、反复、移情等，对于写文案而言，我推荐你只掌握一种修辞手法即可，就是比喻。

很多经典文案用的都是比喻的修辞手法。

把激情燃烧的岁月灌进喉咙——红星二锅头

每个人，都是一条河流。每条河流，都有自己的方向——网易新闻

料理是一种原地的旅行——下厨房

我们不生产水，我们只是大自然的搬运工——农夫山泉

世界上最重要的一部车，是爸爸的肩膀——中华汽车

妈妈的味道，是你回家的路标——方太

比喻句最能打动人的地方在于两点：化抽象为具象、化虚为实。

一个按摩仪有多好用，一杯咖啡有多香浓，一个老师讲课有多有趣，抽象而不可捉摸，一味地用"非常好""特别香""很棒"等词语来形容，客户感受不到。

但如果你用比喻将其描述成一个个具体的情景、画面，虚的就变成了实的，死的就变成了活的，客户就能感受到了。

在比喻句的应用方面，钱钟书先生堪称典范，最著名的就是那句："婚姻是一座围城，城外的人想进去，城里的人想出来。"

如果你想学比喻句，推荐你看看钱钟书先生的《围城》，书中很多地方都用了比喻的修辞手法，比如下面这句话就很形象地描写了忠厚老实人的恶毒。

忠厚老实人的恶毒，像饭里的沙砾或者骨鱼片里未净的刺，会给人一种不期待的伤痛。

我们前面讲到了听觉体验，也是比较适合用比喻的修辞手法来进行描写的，看看钱钟书先生是怎样描写方鸿渐的鼾声的。

那声气哗啦哗啦，又像风涛澎湃，又像狼吞虎咽，中间还夹着一丝又尖又细的声音，忽高忽低，袅袅不绝。有时这一条丝高上去、高上去，细得、细得像放足的风筝线要断了，不知怎么像过一个峰尖，又降落安稳下来……

当然，反过来也可以把具体的事物比喻成抽象的事物，比如奇美液晶电视的一句著名文案。

世界上有一种专门拆散亲子关系的怪物，叫作"长大"。

化具体为抽象这种写法的写作难度太大，前期不推荐你掌握。

我上面举了不少经典例子，你千万不要被吓到，你平时写文案时不用那么复杂，老老实实用好比喻句即可。

写文案时，你只需要写出下面这种句子就可以了。

作为过来人，我们也知道戒烟真的太不容易了！

你可以想象一下，每当万恶的烟瘾来犯时，好像有上千只蚊子在脑子里嗡嗡叫，还时不时飞出来叮你，你拼命挠抓破皮肤也无济于事！

用比喻把原本抽象的烟瘾，变成了具体的蚊子叫，生动形象，很容易唤起你的情感共鸣。

下面这款口腔清新剂的文案写得也不错。

闻了一下口罩，我只感觉脑袋瞬间像被按进了马桶里，一股酸臭味对准鼻孔涌上来，直接窜进脑门里。

……

祛味更省事儿的方法是直接把××口腔清新剂喷在口罩内侧上，像是给口腔装了个新风系统，一呼一吸都被净化成了柠檬薄荷味儿。

……

只是讲很臭，别人体会不到。但是讲脑袋被按进马桶里，就感觉很具体了。

如果是我的员工，我会要求其在写产品卖点时，一定要把卖点写成比喻句，让客户更好地感知和记住。

钩子句

第五种是钩子句。

钩子句就是指句子就像鱼钩一样，钩住你的注意力，让你不往下继续看就浑身难受。

以我的文案课的招生文案为例，里面用了很多钩子句。

很多人都不会算账，引流成本永远是相对的。如果你的转化率够高，投入多少都不算多。

就像我的一个卖香水的学员，问我在抖音直播间投流量，每天投入 1 万元够不够。我告诉他，如果转化率足够高，供应链接得住，就把你的全部身家都压上去，能投入多少钱就投入多少钱！

结果，不到半年时间，他的营收翻番了，而我们的好运也戛然而止。

……

好了，这一段结束了。你看到最后一句话"而我们的好运也戛然而止"时，想不想继续往下看？

幸运的是，在我们准备放弃之前，请关健明老师写了一篇推文，结果一下子就卖了 38 万元。在绝境中，我们看到了希望。

踩了这么多坑，我们终于意识到，新媒体推广的核心就是文案，一篇优秀的文案能让你一天清空仓库，差的文案能让你十天颗粒无收。差别就是这么大。

合伙人跟我说，下篇文案你来写吧，我们不能老是依靠别人。我说，好。

那个时候我完全没有想到，我的人生会因为这篇文案而被彻底改变。

这一段又结束了，我的人生被彻底改变了，怎么改变了？你要继续往下看吗？

在这两个例子中，最后一句话都是钩子句。

你会发现，看到这些钩子句之后，你很难不继续看下去，因为我给你设置了一个悬念，你想知道"结果咋样""发生了什么"，你就必须得看下去。

在美剧中，你会发现在每集结尾，导演一定会给你设置一个转折或者冲突：朋友背叛了，老婆出轨了，×××复活了……总之就是告诉你，下一集更精彩，"逼着"你看下一集。写文案也是同理，要在段落、小节结尾，给读者阅读下一段或者下一小节的理由。

具体怎么实现呢？简单说就是"给你一个令人难以置

信的结果，如果你想知道过程，请往下看"，或者更直接点，告诉你"情况不妙，后面有大事要发生"……

如果你不会设置悬念、冲突，哪怕写一个简单的问句也可以。总之，你要"不择手段"，吸引读者看下一段。

给你几个模板，可以参考一下：

> 当然不止这些。
>
> 所以，继续往下看。
>
> 现在，精彩的内容来了。
>
> 你肯定会问，为什么会这样？别急，我给你解释一下。
>
> ……

这种句子，一两句体现不出威力，但如果全文遍布这种钩子句，你想想，客户还跑得掉吗？

本章我们讲解了要想让文案更有吸引力，需要经常用到的 5 种句子。如果你认认真真按照我说的去做，你就会发现你的文字会充满魔力，一种让人忍不住下单的魔力。

本章作业

找出你之前写的文案，用上面所讲的 5 种句子去修改你的文案。

第 17 章

影响力的 8 个要素

————

在上一章中，我们讲了修改文案的 5 种句子，让文案变得有吸引力。本章我们来介绍如何通过影响力的 8 个要素来提升文案的销售力。

我所讲的影响力的 8 个要素，来自罗伯特·西奥迪尼的《影响力》这本经典畅销书，里面讲了 6 个影响人的底层行为的因素。

在国内，在提升电商转化率方面有一个顶尖高手叫陈勇，他是我的前辈兼好朋友。陈勇给企业做转化率提升的咨询，为了提升电商详情页的转化率，他深入研究了影响力理论，然后把影响力的 6 个要素应用在电商中，发现效果非常好。

受他影响，身边一群人也都在应用这个理论。他也写了一本书叫《超级转化率》，推荐你有时间看看。

后来罗伯特·西奥迪尼又出了一本新书，叫《先发影响力》，里边又加了影响力的两个要素，所以总共是 8 个要素，我将其称为影响力的 8 个要素：联盟、对比、互惠、承诺和一致、权威、社会认同、喜好、稀缺。

无论你是写文案、做海报，还是做活动，只要涉及营销行为，想要说服别人，都能用到这 8 个要素。

联盟

影响力的第一个要素叫作联盟。

简单说，就是人们喜欢和自己相似的人。你要让别人觉得你和他一样，你们有很多相似点，从而去获得他的好感和认同。

想象一下，你在巴西旅游，人生地不熟，食物也吃不习惯，突然发现一个川菜馆，还是四川人开的，你能不激动万分？很多人出国的时候都会去当地的唐人街打卡，这就是联盟的影响。

我的老家在河南省灵宝市，当地有种特色小吃叫"烧饼夹肉"。有一次我在广州街上开车，看到街对面有一个手推车，手推车的招牌上写着"灵宝烧饼夹肉"。我就立刻找地方停下车，穿过马路买了两个来吃。虽然最后发现不是特别好吃，但我还是很开心，因为我很多年没吃到了。

老乡、地方特色这些相似点叫"地缘"。还有一个相似点叫"血缘"，同样是做生意，你对亲戚的信任度大概率会比对外人的信任度要高。华夏儿女和盎格鲁－撒克逊人不一样，这都是"血缘"。

除了地缘和血缘之外，我们还可以从很多地方去找和对方的相似点，比如兴趣爱好、职业、星座、价值观等。

这方面的一位大师就是乔·吉拉德，他的书《把任何东西卖给任何人》第 1 章的内容就是联盟这个要素的完美体现。

他的这本书是写给销售员的，教授销售技巧，我摘录几个片段你感受一下。

本书可能不是你读过的第一本关于销售的书，你十有八九已经看到或读过其他许多类似的书。

……

让我们实话实说：你从书中只想知道眼下如何销售实际的产品和服务，但那些书的作者除了销售他们的书以外，大部分都没有销售实际产品和服务的经历。他们可能是职业作家或销售培训专家，可能只做过几周或几个月的销售工作，然后就改了行。他们之中可能有一位每两年只卖一套百万美元的豪宅就能过得很不错，但这与你想改进的销售并没有什么关系。

问题的关键是，他们不是销售员而我们是。我们是天天靠销售挣钱的人，而他们不是别无出路只能做销售。当你读他们的书时，书中的道理听上去还不错，也可能会给

223

你一点帮助，甚至可能让你挣回你买他们书的钱。但当你好好琢磨那些书的内容时，你会很快认识到那些书的作者——甚至是其中的佼佼者——并不是与我们一样的销售员。

乔·吉拉德在第 1 章开头就告诉你，你看的其他关于销售的书的作者都是夸夸其谈，因为他们都不是真正的销售员。他们跟咱们不是一类人，他们的书没什么用。

而我是销售员，与你一样。我一直销售小轿车和卡车。我每天都在汽车零售店卖新车，是零售而不是批发，一次卖一辆，与顾客面对面地讨价还价然后成交。我的顾客与你每天面对的顾客一样。你可能是卖汽车、西服、住宅、家电、家具之类的商品，而且天天要卖，卖得多才能有收入。当你读专家写的那些书时，你可能会有与我一样的感觉：书里似乎缺少了一些东西。你的直觉告诉你，缺的正是第一手的销售经验……那些书的作者没有我们那样的体验，他们不像我们那样每天为了面包而去艰苦地奋斗。

这就是我的书与众不同的原因，这就是我的书对你有用，而其他书对你不适用的原因。因为我像你一样天天都要拼命去销售。我的工作与你的一样，我的感触与你的一样，我的愿望与你的一样，而且我成功了。已经有不少人被称为世界上最伟大的销售员，但他们与我们不一样，他们不是普通销售员。在我们这类普通销售员中，我是世界上最伟大的一位。

我跟你一样，每天面对的顾客一样，甚至卖的东西都一样，我们每天都要为了面包艰苦奋斗。因为我和你一样，所以我懂你。而且我成功了，所以我的书对你有用。

接着讲一个我们的案例。先看看下面这段文字，是我们媒老板获客学堂第二期第一篇招生文案的开头。就这几段话，我们当时改了两个小时。

先简单介绍一下我。我叫杨坤龙，是媒老板获客学堂的创始人。

了解我的人都知道，我在中专毕业后的第一份工作是电话销售，底薪只有1500元，对于绝大多数人来说，我的起点很低。

后来我闯进新媒体行业，几个月做了几个百万粉丝的账号。没多久，我就开始创业，结果第一个月就把辛苦一年打工攒下来的10万元钱全部赔光了。

创业初期，我付出了很多代价，在长达两个多月的时间里，我的每顿饭都是豆腐乳配白米饭。

……

为什么这么简单的开头，我们要改两个小时？因为我们第一期时是教别人运营微信公众号，主要目标学员是一些自媒体作者、自由职业者。

在第二期时，我们的品牌升级为商学院，目标学员从自由职业者变成老板，培训内容从微信公众号运营变成商业模式的打造，以及从如何写文案变成了如何经营公司，跨度很大。

而且我们那时刚开始讲商业课程，没有很多案例。所以老板们看到文案，就会有个问题：你们这帮年轻人以前都是写文案的，凭什么教我如何去运营公司？

所以文案开头就指出"我是媒老板获客学堂的创始人"，而不是以前的"我是××账号创始人"。身份的改变，是想强调我跟你一样，我也是老板。

接着，坤龙指出中专毕业之后，做过电话销售，后来也曾经创业，等等。通过讲创业经历，让老板们觉得这个人跟我一样，他也是一个老板，背后的潜台词就是："这样的话，他就有资格去教我这些东西。"这就是通过身份上的相似点来建立联盟。

在文案中应用联盟这个要素，就是尽量展现你和目标客户的相似之处，从而和他们建立联盟。

对比

影响力的第二个要素叫作对比。我们在产品卖点那一部分，已经详细讲过对比的威力。通过对比，可以凸显出事物的差别和价值。

很多带你看房的中介公司就很会玩这一套，甚至他们还总结了专业术语，叫 ABC 原则。带你看房前，他们会准备好 3 套房，一套好的，一套差的，一套居中的。

首先看 A 房源，一般都是装修很好，楼层、户型都不错的房子，但美中不足的就是价格比较高。你很想购买，但是看了看自己的腰包，忍住了。但你愿意继续跟中介公司看下去，至少他们有好的房源。

然后看 B 房源，这是中介公司根据你的需求精心挑选的，装修、户型、价格都比较符合你的需求。你内心中感觉还不错，但是表面上当然要不露声色，告诉他们想再看看。

最后看 C 房源，就是给你安排一套装修差、楼层差、户型差的房子，当然价格也会低一些，但是不会低很多。这时你才发现，这么差的房还这么贵，原来 B 房源的性价比还是不错的。

这就是利用了对比的原理。让本来平平无奇的 B 房源，一下子就显得性价比很高。

迪士尼也有类似的做法。它的年卡套票的价格是这样：

A 卡：周日年卡，1299 元。

B 卡：工作日 + 周日年卡，1599 元。

C 卡：无日期限制年卡，3299 元。

A 卡是周日年卡，就是只有周日能去，1299 元。

B 卡是工作日加周日年卡，在一周 7 天中，只有周六不能去，其他时间都可以去，1599 元。

C 卡是无限制年卡，全年中每天都能去，3299 元。

看完这三个价格后，你会选哪一个？我猜是 B 卡。

A 卡和 B 卡对比，你会觉得 A 卡只有周日一天能去，就要 1299 元，很不划算。而 B 卡多加了 5 天时间，才增加了 300 元，很划算。

再拿 B 卡和 C 卡对比，只是增加了周六一天，价格就翻倍了，也不划算。所以你最可能选 B 卡。

你这么想，迪士尼知道不？

它当然知道。迪士尼设置 A 卡和 C 卡的价格，就是为了让你这么想，然后通过对比，最后觉得 B 卡很划算。它本来就想卖这个。

但如果没有 A 卡和 C 卡，只有 B 卡，你还会有这种感觉吗？大概率不会的。这就是对比的威力。

写文案时，你也可以参考迪士尼的这个做法，去设置你的产品组合。

我自己卖货时，最喜欢设置 3 个产品组合、3 个价格。然后通过价格差，引导客户买某个特定产品组合。

除了设置产品组合外，还可以在以下两个方面应用对比。

1. 正在遭受痛苦的客户和没有遭受痛苦的客户的对比

很奇妙，好像每个公司都会有这样一群人：永远踩着打卡点儿上班，脸上常挂着黑眼圈和疲惫。我们电商部的小罗就是这样，连续迟到21天的纪录目前无人能及，我们老笑话他是"睡不醒星人"。

每次说他时，他自己也显得很惆怅："晚上老睡不好，第二天就起不来，要是每天能多睡一个小时，我这业绩绝对能翻番。"

不管他有没有吹牛，我也很羡慕那些睡眠质量好的人：一天到晚都元气满满，就算加班到很晚也精神不减，效率高得惊人，就像一台永动机，晚上沾上枕头就能很快入睡，我甚至好奇这些人家里的床到底是什么构造。

后来我也拉着他们了解过，发现有一张舒服的床固然重要，但有一个舒服的枕头更重要。我们日常要对着电脑和手机看十几个小时，颈椎得不到休息，一个好的枕头不仅会大幅提升睡眠质量，还会在夜晚保护颈椎的健康。

小二去年年底就患上了颈椎关节炎，一天到晚拿着个颈椎牵引器在办公室做牵引，看着可笑又让人心疼，医生说他必须换个有支撑力的枕头；倩倩说过想送妈妈一款好一点的枕头，老人家大多睡眠浅，能多睡一会就会很开心……

　　将有睡眠问题的客户和没有睡眠问题的客户进行对比，能引起你对睡眠问题的重视，以及对好睡眠的渴望。

2. 我们的产品和竞品的对比

　　我以前在朋友家枕过那种 1000 多元钱的乳胶枕，弹性很好，只是对我这种只需预防颈椎问题的人来说，就会感觉脖子一直被压迫着，翻来覆去睡不着。

　　还有酒店里的那种羽绒枕，蓬松柔软，舒适度非常棒！去年我还趁"双十一"买过一个，后面才发现它对颈椎完全没支撑，睡上一周脖子就会酸痛难忍。

　　×××这种优质的高级记忆棉枕芯能兼顾舒适性和支撑性，试睡的这 1 个月，它总会让我忘了自己在枕枕头——头慢慢地沉下去，不知不觉间被承托、包裹。

　　"全贴合"设计理念的运用，让我的肩颈与枕头能保持贴合，使颈椎保持舒缓放松。随着睡姿的变化，枕头的形状还会发生轻微的变化，从而更好地和头部贴合，这种体验非常奇妙。

　　写文案之前，你就应该规划好一些对比元素，然后准备相应的图片或者视频素材。

互惠

　　影响力的第三个要素叫作互惠。

什么叫作互惠？就是你对我好，我也对你好，知恩图报。

互惠是一种非常强大的思维方式，如果说在这 8 个要素中只有一个要素是你最应该掌握的，那一定是互惠。

最早让我发现互惠威力的，是我之前的一个合伙人。他有一种非常出色的能力，就是他在北京的人脉特别广，几乎所有国内互联网领域的权威，不超过三个电话，他就能够联系到。

出于好奇，我就去研究了他为什么这么厉害，结果发现他有一个习惯：如果他想认识你，他一定会在认识你之前，先帮你一个忙。他帮了你的忙之后，也不要求你还人情，等到需要你帮忙时，他才会去找你。

这就是利用了互惠的心理。

好的文案应该是，我在卖东西给你，同时让你感觉我是为你好。这种感觉是怎么被制造出来的呢？就是通过互惠。下面通过几段文案来理解一下。

在我们公司内部，即便是老板，也不能直接命令我们选哪个产品。推荐给你们的每一个产品，都是我们亲自试用过，一群人举手表决选出来的。

这句话的潜台词就是，为了你好，我敢于对抗老板的权威，老板也不能命令我违心地给你推荐产品。

　　要在那么多品牌和色号中挑到你喜欢的口红很难，好几个小伙伴连着试了十几个颜色后，嘴唇都脱皮了，连我都心疼。

　　这句话的潜台词就是，为了选出你喜欢的口红，我们小伙伴的嘴巴都磨脱皮了。

　　闪购已经进行到第 6 期了，可每次推出前的心情，还是和第 1 期一样紧张：紧张的并不是会卖掉多少，而是我们推荐的东西你们会不会喜欢。

　　这句话的潜台词就是，怕你不喜欢，我紧张得不得了。

　　上面这几段话的核心就是：为了你好，我付出了代价。

　　互惠就是你对我好，我也对你好。我希望你对我好，我就先对你好。所以我就在文案里告诉你，为了对你好，我付出了什么。

　　让我真正体会到文案中互惠力量的强大，是我在 2017 年写的一篇线下课的复盘文章，其中的一段话如下。

　　我们这次准备物料时也很用心，在细节方面下足了功夫。比如说为了选到合适的矿泉水瓶，我们把公司附近的便利店都跑遍了，总共买了 17 种矿泉水，一一比对后才选出最合适的。然后我们再把标签纸一一贴到瓶子上去，因为有好几个标签纸贴得有点歪，Toto 不停地在内疚。

后来到了 2020 年，在和学员线下聚会时，我发现好多人居然还记得这句话：因为有好几个标签纸贴得有点歪，Toto 不停地在内疚。好几个学员说，当初看到这句话后觉得很感动。

我也很震惊。我震惊的不是他们很感动，而是时隔 3 年，他们居然还记得。这就是互惠的强大力量。

当然我写这段话时不是套路，是发自内心写的。

其实很多创业者在创业过程中默默地为客户做了很多事，付出了很多，但是客户并不知道。这个时候，你就应该把你为客户而做的事"大声地说给他听"。

比如我有一个学员是做高端睡眠仪器的，一台仪器的售价为八九千元，睡觉时放在枕头下面，能辅助睡眠，还能记录、检测睡眠数据。

她的产品上线后，用户口碑很好。不过有一些用户反馈说，放在枕头下有点硌，体验不好。

她思考很久后，决定将这批产品召回，然后花了 3 个月的时间和数十万元的研发费用去改善这个问题，最后推出了 2.0 版本。

花费 3 个月和数十万元，只是为了让一小部分用户睡觉时得不硌。听起来就让人觉得很感动，很有情怀。但是遗憾的是，她之前从来没讲过这个故事，也没意识到要讲出来。

学了互惠之后，我们就知道这种故事一定要"讲"出来，而且要用最大的声音"讲"出来。

承诺和一致

影响力的第四个要素叫作承诺和一致。

什么叫承诺和一致？就是你说的和你做的是一样的。它分为两部分，一个是承诺，一个是一致。

什么叫承诺？举个例子，有个品牌叫花点时间，你订了套餐后，会每周给你送一束鲜花。

在它的详情页里，有一句话：品质鲜花精细化控制。"品质鲜花""精细化控制"就是品牌对你的承诺。

什么叫一致呢？一致就是品牌兑现其承诺的具体过程。品牌在详情页中说明"从种子到您手中，需要经过 16 道工序，11 次质检，只为品质鲜花"，然后把这 16 道工序做成图片给你看。

选育种商——育苗——科学化种植——采收——消毒保鲜——冷藏——进入低温冷仓——到货验收——全程恒温——入盒装箱——分装——质检——入库冷藏——流水线质检——全程恒温次日必达——追踪物流

我们经常在一些文案中看到：30 天让你瘦 ×× 斤，30 天让你学会 ××，这些都是对你的承诺，但是却没有提到如何兑现承诺，所以就没什么说服力。

那如何增强说服力呢？下面我们来看一篇减肥训练营的文案是怎么写的，文案是以一个训练营客户的口吻来讲述自己减肥的经过。

通过 7 天的减脂活动，我瘦了 9 斤！

我上次体重 140 斤还是在 7 年前刚上大学的时候。

虽然训练营只有短短几天时间，却让我认识到：原来减肥不等于减重。不要过分在意体重秤上的数字，要减掉脂肪、增加肌肉含量，要知道肌肉对于热量的消耗是脂肪比不了的。（此处附上减脂时的三餐打卡图片。）

看到效果后，我果断开始了为期 28 天的减脂生活，并且成功减掉 11.6 斤、腰围减少了 4 厘米。（此处附上 7 天前后的身材对比图。）

管理师在饮食和运动方面对我的指导就更具体了，还针对我的实际情况制定了专业的食谱和运动计划，改变了我过去不好的饮食和运动习惯。

……

现在我的一日三餐都严格按照蛋白质＋碳水化合物＋维生素＋脂肪的食材来搭配。每次打卡后管理师都会在群里及时点评。（此处附上管理师的点评记录。）

在运动方面，管理师针对我的腰腹脂肪多的问题，每隔一天就会给我安排一次腰腹训练，一天不到一个小时的训练，效率很高。

　　管理师每天还会在群里进行动作纠错，帮助我们纠正训练中错误的姿势和训练后的放松拉伸动作。这里要给管理师一个赞，每个人运动打卡结束后管理师都会询问运动感受，如果有人表示身体不舒服，他就会提出各种建议来保证大家的身体安全和训练质量。(此处附上健身房的照片和打卡的照片。)

　　……

　　从饮食到运动，再到管理师的指导，你全部能在文案里看到。他讲了整个减肥的过程，同时也展示了减肥训练营的优点和服务。

　　这就是承诺和一致。告诉你我的训练营能够减肥，怎么实现呢？把一个客户瘦身的全过程展现给你看。

　　这样就会比你单纯放一张减肥前后的对比图可信得多，因为文案中有承诺兑现的过程。

　　总之，你要养成一个习惯——向对方做出一个承诺后，一定要向对方展示承诺兑现的过程。

　　仔细检查你的文案，你所做的那些承诺，有没有给到足够的证据来说服读者？

权威

影响力的第五个要素叫作权威。

我们在做很多决策时，比如买房，炒股等，都会更愿意去听专家的建议。所以在文案中加入权威背书的话，就更容易获得别人的信任。

在营销中，我们能够借助的权威有哪些？比较常见的有6个：专家证言、检测报告、合作机构、资质证书、名人代言、媒体报道。我们一个个来讲解。

1. 专家证言

比如我之前卖的没想稻大米就是借助了专家证言。没想稻大米刚上市时，做了一个活动，邀请了香港食神戴龙来参加。

没想稻大米目前上市一年多，在电商平台共有9万多条好评，常见的评价是"很香很好吃""味道很好，宝宝真的多吃了一碗饭"等。很多顾客是朋友推荐过来的，他们的评价是"确实很好吃，对得起这个名字""给宝宝煮粥，他很爱喝""在家里蒸饭，对面邻居都说闻到了香味""家里老人最近脸色红润了不少"等。甚至连香港四大名厨之一的"食神"戴龙都专门买回去做炒饭吃，他评价说："在这一碗米饭里面，我看到了真心。"

2. 检测报告

我之前卖过一款西洋参——文登西洋参，它的皂甙和硒含量很高，远超同类产品。但是口说无凭，我们就专门找了第三方检测机构，给我们出了两种成分含量的检测报告。

我们去年将文登西洋参拿到权威检测机构进行检测，检测结果显示，其皂甙含量已达 8%，是进口西洋参和国标的 1.48 倍和 1.53 倍；其硒（一种极其珍贵的抗癌成分）含量是美国西洋参硒含量的 8 倍。

这也是为什么越来越多的家庭都将文登西洋参作为日常食品。

市场上的各个检测机构也都有排名，根据你的预算，尽可能选择排名靠前的检测机构做检测，然后用在你的文案里。

3. 合作机构

我们有一位讲师叫静茹。她做成交转化很厉害，但是之前没有怎么打造个人品牌。幸好她给很多机构做过内训，比如新浪、百度等，所以我们在做讲师介绍时就拿这些机构来做背书。

静茹老师是一个 14 年都在一线的营销人，从一个医院的小导医到客服总监，再到全国成交培训师，她积累了很多成交经验。

到现在为止，她服务过的企业已经超过 200 家，帮助了超过 20000 个一线成交人员提升了业绩，被称为"线上成交培训第一人"。

从上市公司的创始人，到公司的销售经理/销售主管，再到一线的销售人员，都因为她的培训而受益。她的培训涉及教育、服装、珠宝、金融等几十个行业。

……

百度和新浪也都曾邀请她进行过分享，腾讯的产品经理在听了她的课之后也对她赞誉有加。

现在，她还是大脑银行、平安知鸟 App、千聊等平台的入驻讲师。

如果你没有什么名气，但你合作的机构都是大品牌的话，那就可以借助合作机构的权威性。

4. 资质证书

比如说你的产品获得过某些奖项，或者有某些专利证书，就可以作为可以借用的权威来进行展示。

我之前卖过一款不粘锅。这类产品最重要的技术就是其不粘涂层，恰好这个品牌有不粘涂层的技术专利，所以我们就在文案中着重体现了这一点。

从 2016 年 9 月到 2017 年 2 月，期间我试用了 9 口锅具，价格从 100 多元到 1000 多元不等，但不管价格有多高，很多不粘锅都逃不过两三个月就粘锅的魔咒。

要么是涂层不够厚，要么是不粘工艺做不好，我一共拒绝了 5 个锅具品牌的合作邀请。

经过层层的试用和筛选，我最终才选定了大家看到的这款查蒙蒂纳平底不粘锅。

它的不粘涂层是经过美国食品药品监督管理局（FDA）认证的斯塔富龙（专利号：905148819），而且它的不粘层厚度有 36 微米，而国标厚度为 25 微米，所以它的不粘效果和耐用性很强。

查蒙蒂纳还是经过美国国家卫生基金会（NSF）认证的企业。

5. 名人代言

如果你的产品有名人代言当然更好了，可以借助名人的权威性进行宣传。

现在比较常见的方式就是让你的产品进入明星或者达人带货的直播间，然后就宣传 ×× 明星或者 ×× 达人推荐过。当然前提是要获得对方的许可，一般都需要支付一笔费用。我们在写"三两"酒的文案时就采取了这种方法。

聊到兴起的时候，我忍不住问兄弟要了链接。没想到这款酒居然出自酿造五粮液的大师之手，罗永浩之前在直播间也专门推荐过。

6. 媒体报道

如果你的产品或者品牌被媒体报道过，那也是可以借助的权威。

张爷爷原名张世新，是做陕西手工空心挂面的手艺人。他住在黄土高原上的一个没什么名气的村子里，在朴素的窑洞里，和老伴做了一辈子的空心挂面。

挂面并不是什么稀罕的食物，全国有很多地方都有，为何大家如此喜爱张爷爷手工空心挂面呢？央视《舌尖上的中国》评价其为"纯朴味道，一生只做一面"，各大媒体也对此做了报道。

如果没有媒体报道，那么微博、知乎等平台上的高赞回答也是可以借助的权威。

比如我们之前卖过一门手机摄影课程。

韩松老师在 2015 年拿下了全球 iPhone 摄影大赛金奖，这个奖堪称摄影界的"奥斯卡"，连美国的《华盛顿邮报》也对韩松老师进行了报道。

《中国国家地理》《孤独星球》《旅行家》《人物周刊》等众多国家权威杂志都纷纷向他约稿。韩松和他的原画册工作室在国内外都享有很高的知名度，受到了很多手机爱好者的追捧。

除了这些奖项外，韩松老师在知乎相关类目的回答是第一名，我们就把知乎高赞的截图也截下来放在文案里，也算做一个权威。

社会认同

影响力的第六个要素叫作社会认同。我们可以将社会认同理解为从众，即我们认为既然别人都这样做，那肯定是对的。

比如听到大家都说最近上映的某个电影很好看，你就很想去看；餐厅的菜单上写着某道菜最受欢迎，这道菜就更容易卖出去；看到一个饮品店外有好多人排队，你也就很想买来尝尝。

前段时间我和一位卖红酒的朋友聊天，她说之前卖红酒时会和客户聊很多，比如酒庄、红酒的年份、红酒的品种等，但是客户会犹豫很久都不下单。后来她就直接说，这款酒上个月卖出了 500 瓶，客户就直接下单了。这就是社会认同。

在营销中如何利用社会认同这个要素呢？就是告诉别人，你的产品很畅销，很多人都在买，刚上市没几天就卖断货了，等等。

想想看，你在淘宝购物时，是点击销量高的店，还是销量低的店？你会不会翻看用户评价？没有一条评价的产品，你敢买吗？小红书那些高赞的网红店，你会点击收藏，然后去打卡吗？

驱使你的就是社会认同的力量，营销人就是要制造出这种力量。在文案中，最经典的案例就是香飘飘。

杯装奶茶开创者，连续六年销量领先。一年卖出七亿多杯，连起来可绕地球两圈！

这个文案就直白地告诉客户，我的产品很畅销，卖出的产品连起来可绕地球两圈，非常形象和好记。

九毛九餐饮集团在广州开了一家主题餐厅，叫那未大叔。餐厅里有一道招牌菜，叫汽锅鸡。

我去这家餐厅时，是其开业的第 3 天。这道汽锅鸡端上来时，锅盖上面贴了一个打印的纸标签，上面写着：这是本店卖出的第 3675 只汽锅鸡。

如果是你，看到后会有什么反应？是不是开始做算术题？3 天卖了 3675 只，平均一天要卖 1200 多只啊！生意真火！当你开始这样想时，商家目的就达到了——让你知道这道菜很火。

那具体在文案当中怎么用呢？如果你的产品原本就有畅销的数据，那就拿出来大讲特讲，比如敖汉小米的文案。

去年 10 月 23 日，我们上线了第一款有机食材——敖汉小米。

当天就卖出了 6 万多袋，足足 30 吨。按照有机小米的亩产量来算，解决了当地 120 亩地小米的销售问题。（配上无人机拍的广袤土地的动图。）

......

再比如没想稻大米的文案。

没想稻大米于 2016 年 10 月 10 日在京东众筹，上线 6 个小时，筹集金额就超过了 103 万元，到众筹结束时，共筹得金额 3243098 元，卖出了 6 万千克。

如果你的品牌是一个新品牌，产品还没有上市，或者产品的销售数据还不怎么好，那怎么办？那你就营造出产品在小众圈子内很受欢迎、口碑很好的感觉。

第一批"种子用户"有 150 个。让人吃惊的是，150 人中有 143 个人都表示：××面膜是其用过的性价比较高的面膜。

当然，数据要是真的才行。

喜好

影响力的第七个要素叫作喜好。

简单来说，喜好就是爱屋及乌。你喜欢邻居家的边牧犬，慢慢也就会对邻居产生好感。

你有没有在购物时遇到过一些有好感的老板？你最后买他的产品了吗？

你是否对老板有好感会影响其产品的品质吗？不会，但会影响你买不买他的产品。这就是喜好，你会把对老板的好感转移到产品上。

在营销中应该怎么做呢？形象地说，就是去打造一条"喜好"链，一环扣一环，最后让客户把喜好转移到产品上。

你喜欢楼下那家咖啡馆的招牌，喜欢它的设计，喜欢老板穿的那件衣服，喜欢那里的气味，最重要的，你超级喜欢老板家那只胖胖的加菲猫。所以，你也喜欢喝他家的咖啡。（虽然那里的咖啡和马路对面那家咖啡馆的咖啡的味道没什么不同。）

在文案中，就是让读者从第一句话开始，不断"点头"，对你讲的内容深表赞同，一直到下单为止。

从标题开始："这个标题有点意思，讲什么的呀？"

然后到第一句话，点到客户的痛点："是啊是啊，我也是这样。"（点头）

接下来是主人公的故事："这个人好励志，值得我们学习。"（点头）

接下来是用户评价："这些用户评价看起来很像真的。我家孩子有一样的情况哎"。(点头)

接下来是价格："这个价格不便宜，不过要是真像店家说的那样，应该也挺值的。"(点头)

最后是售后服务："没效果还能退款？那我就放心了。买了。"(点头)

稀缺

影响力的第八个要素叫作稀缺。

物以稀为贵。

关于稀缺，有两个方面，一方面是你要学会人为制造稀缺，最常见的就是限时优惠价格、限量赠品等。

我们特地为粉丝争取了 1500 套的特价，团购价格为 699 元，售罄不再上架，按照以往的情况，1~2 个小时就会抢光，所以建议你早点下单。一口这样的多功能锅，能用 2~3 年，可以做 3000 多顿饭，让宝宝吃得营养又健康，让你省时省力，建议每个妈妈都入手。

……

我之前卖过一款精酿啤酒。在产品刚上线时，酒瓶上可以定制客户的照片，客户只要在小程序上传照片即可。但因为我们当时的技术不成熟（说白了是没钱开发相关的软件），所以所有照片都需要设计师手工做上去。

这个噱头很好，但是很费人工，每天几十个还好，如果有成百上千个，那设计师根本忙不过来。有一次我们在一个大渠道进行推广，一方面想用这个办法吸引客户，一方面又担心要定制的人太多，我们忙不过来。

最后想了一个办法，就是告诉客户，只有前 100 名购买的客户才可以享受免费定制服务，100 名之后就没有这个服务了。让本身每天都有的服务，一下子变得稀缺了，这样反而效果好很多。

另一方面，如果你没有办法人为制造稀缺，那就尽量制造稀缺感。

苹果和小米擅长搞饥饿营销。很多人为了能第一时间拿到新款手机，甚至不惜加价去黄牛那里买，就是想要享受这种提前拥有的稀缺感。

再看看下面的例子。

老爷子说，这空心挂面是村里祖辈传下来的主食，已经有上千年的历史了。他 15 岁就跟父辈学做挂面，后来娶了媳妇，又有了儿孙，一家四代在窑洞里认认真真地做挂面。

张爷爷手工空心挂面只用产自内蒙古河套平原的雪花面粉，用这种"喝"黄河水长大的硬质红麦磨出来的面粉，晶莹细腻有香气，加上天然山泉水，制成的面条非常劲道。

247

张爷爷手工空心挂面需要前后总计十几道工序，4 次发酵，每根面条都拉伸至 3 米长，历时 20 个小时才完工，一个熟手师傅一天最多也只能做出 25 公斤挂面。

……

挂面是很普通的东西，但是因为工艺讲究，一个熟手师傅一天最多也只能做出 25 公斤，所以我们的挂面很稀缺。

你可以从产品设计、工艺、材料、工厂、工厂的合作方等方面入手，挖掘你的产品的稀缺点。

以上就是影响力的 8 个要素，在修改文案时，你可以对照这 8 个要素，逐个进行修改。

本章作业

用影响力的 8 个要素分析一下你写过的一篇文案，看看哪段话分别用了哪个要素。

第 5 篇

F：感性——充满情怀

第 18 章

信任公式

————

从本章开始，我们进入 F 篇。T 篇注重理性逻辑，F 篇注重感性共鸣。看一下如何进行修改，才能让文案从感性上与读者形成共鸣。

我们在前文中提到过，乔·吉拉德是史上最伟大的销售员之一。他是 20 世纪六七十年代在美国卖汽车的，曾经创下连续 12 年平均每天卖 6 辆汽车的销售纪录。

更重要的是，他不是开 4S 店的，他只是 4S 店里的一个销售员。他只有一个助理，也就是他的儿子。

客户去他们的店里买车时，第一句话就是："乔·吉拉德在哪里？我要找他买车。"如果乔·吉拉德外出不在，即使别的销售员过来接待，客户也不买，他们一定要等乔·吉拉德回来，在乔·吉拉德那里买。

所以乔·吉拉德有一句名言："我卖的不是雪佛兰汽车，我卖的是我自己。"

这也是本章的主题。你在卖任何东西之前，都要先把你自己销售出去。就是你在卖东西之前，要先让别人相信你。否则，即使你的产品再好、再便宜，别人也不一定会购买，因为他不信任你。信任是买卖的前提。

你通过微信公众号、抖音、小红书等平台在线上卖东西时，考验的是粉丝对你的账号的信任感。你在线下卖东西时，考验的是你的线下店给别人带来的信任感。

可以用一个简单的公式来总结，信任 = 购买，不信任 = 不购买。所以，学习如何建立信任，就是在学习如何让你变得更值钱，让你的品牌变得更值钱。

信任，看不见摸不着，但它对你来说至关重要。在商业社会中，没有信任，你将寸步难行。

幸运的是，关于如何建立信任，我找到了一个公式，它是我花了 1600 元买回来的。

有个 App 叫在行，在上面你可以约到各行各业的专家，你可以就专业问题去咨询他们。收费是一小时几百元到几千元。2017 年的时候，我在北京刚开始创业，每周我都会去约一个行家请教。

有一次我约了一个行家叫钟佳伟，他是爱德曼国际公关公司中国区的一个品牌总监，我向他请教如何讲故事。当时他 1 小时的收费是 800 元，我约了两个小时，总计 1600 元。

在咨询快要结束时，他看着我，语重心长地说："Toto，我觉得人生中最重要的就是选择。"然后掏出一张纸，给我写了一个公式，说这个公式是他人生最大的秘密武器，嘱咐我一定要记住。

我感激地收下那张纸，折好夹在笔记本里，同时也把那个公式也牢牢地记在脑海里。巧的是，刚好过了两天，我在一本书中也看到了这个公式，而那本书只卖 40 元。

不过，我是很感谢他的。因为如果不是他告诉我这个公式，就算我在书上看到了它，也会直接翻过去，不会关注。他用自己的人生经验告诉我，这条公式是有效的。

这个公式就是信任公式：

$$信任 = 专业 \times 靠谱 \times 亲密度 \div 自我$$

专业

第一个要素是专业。

什么叫专业？专业就是可被他人依赖。老板让你处理公司的财务问题，你处理得井井有条。因为你的专业能力强，所以老板能够依赖你。

你看我的书，听我的话做每章的作业，甚至还跑去上我的课，是因为你相信我在文案上的专业性。这是信任的起点。

这里有两个关键点：你是否真的专业，你的专业性能不能让客户感受到。

每次直播时，总有学员问我："老师，我什么都不懂，怎样快速通过个人品牌变现？"

我都会告诉他们，无论你做哪行，提升你的专业性是根本。

当然，作为营销人，重点是要关注第二点，你有没有让客户感受到你的专业性。

比如我在前文中提到的化妆品品牌植卡美一度就有这个问题。植卡美的产品品质好，性价比高，客户的复购率也高，但是其"品牌力"却不强。客户经常记不住它的名字，也不觉得它的产品有多好，这会影响产品的二次推荐和品牌的口碑传播。

而实际上，植卡美合作的工厂以及研发团队不比一些大品牌差，其产品也是对标国际一线产品来做的。

对于植卡美的专业性，客户不知道就等于没有。所以后来他们就在详情页、文案、包裹中大力宣传，确保每个买了产品的客户都知道，植卡美在护肤上是专业的，取得了很好的效果。

另外，客户对你的专业性的判断，不单单是看一个因素，而是对所有因素的综合判断。在线上，文案、配图、客服话术等都会体现你的专业性；在线下，店员的面貌、服装、言辞以及办公场地、灯光、造型等都会影响客户对你的专业性的判断。

相比在专业性上增加"加分项",更重要的是去掉"减分项"。如果在某个细节上客户觉得你不专业,那么花费巨大功夫建立的信任瞬间就会崩塌。我就经历过这种事。

媒老板获客学堂一直做线下课,早期只有收费 6800 元的课程,没有更高价格的课程。这对于培训公司是很不利的事情,有些学员想要学得更深入,但是没有相应的课程。

后来在 2019 年,我们终于开发出一门 4 天 3 夜的私董会课程,这门课程是以企业为单位进行报名的,每家企业的费用是 5 万多元。

在课程中,除了有两位老师,我们还给每家企业搭配了我们的一个同事做全程顾问,这个同事被称为"门徒"。这门课程一推出来就很受欢迎,第一期的口碑特别好。

但是,第二期结束后,我发现有家企业在满意度那里只打了 40 分(满分 100 分)。我就很疑惑,找到这家企业的负责人,问他为什么打分这么低。

他说:"你们的课程很好,老师也很专业。但是,在第三天做练习时,要填一张表格,里面有一项我不懂什么意思,于是我就去问'门徒'。问了两个'门徒',他们的答复不一致,瞬间我就觉得你们不太专业。"

要知道,私董会的学员都是我们的铁杆粉丝,仅仅因为一个细节,就让他觉得我们不专业,他对我们的信任就崩塌了。

这只是一个客户的一个案例，类似的细节还有很多。你的客户也是如此，每个人关注的重点都不一样，你得像拿着一个"地雷探测仪"一样，找到让客户觉得你不专业的"雷"，把它们全部排除掉。

我有个习惯，不管是去拜访一家公司，还是入住一家酒店，我都会先去它的厕所看看。不管装修多豪华，只要它的厕所不干净整洁，对于这家公司或者酒店，我都会立马打个叉。

公司厕所脏，说明管理不到位，合作容易出问题；酒店厕所差，说明设施不好，服务也不会好到哪里去。

那具体在文案中如何体现信任呢？

一是修改你的排版、设计、配图，打磨你的文字，千万不要显得不专业。

二是在文案中加入一些理论、模型、图表、引用来源、专业机构背书等，从而体现专业性。

我按照这样吃了一周，效果很明显，体重减轻了1.5斤。后来我请教了营养师朋友才知道，这个低卡饮食法是有根据的：在饮食均衡的基础上控制热量，这种方法就是CRD（限能量平衡膳食）理论。

帮别人减肥，有理论和模型依据的机构肯定要比没有理论和模型依据的机构要显得专业。当然，前提是理论和模型要简洁易懂。

在你的文案里，插入一张显得很专业的模型图，看看效果如何。

靠谱

第二个要素是靠谱。

什么叫靠谱？罗振宇说事事有着落，件件有回音。在心理学中，靠谱叫可预测性。就是指你做人前后一致，身边的人可以预测你的行为。你承诺别人一件事，总是能做到；在工作中不会半途而废，甩手走人；在家里对待另一半，不会突然就情绪失控……

简单来说，承诺可兑现，就是靠谱；承诺兑现不了，就是不靠谱。

学史之人多喜欢谈论春秋战国，因为那时之人皆有一种"立谈中，死生同。一诺千金重"的纯粹。越是战乱年代，个人、国家的信用（靠谱）越是重要。

孝公既用卫鞅，鞅欲变法，恐天下议己。令既具，未布。恐民之不信，乃立三丈之木于国都市南门，募民有能徙之北门者予十金。民怪之，莫敢徙。复曰"能徙者予五十金"。有一人徙之，辄予五十金，以明不欺。卒下令。

商鞅变法前，制定好法令却迟迟未颁布。因为怕百姓不相信，所以就先做了一个承诺：把木杆搬到北门的，赏五十金。有人真搬了木头后，商鞅立马兑现承诺，"以明不欺"。让百姓知道，我商鞅变法是来真的。类似的还有"千金买马骨"，是一个道理。

千万不要觉得古人不懂营销，《战国策》才是顶级的销售案例集。

史玉柱策划过类似的营销案例。1996 年，史玉柱做了一款产品叫巨不肥，是用于减肥的保健品。那时巨人集团的财务状况已经严重恶化，这款产品就是他们的救命稻草。

为了销售这款产品，史玉柱策划了一个三步走的市场启动方案。

第一步，在报纸上打广告，标题是"请人民作证"。告诉大家，下周要在某个地方举行巨不肥的赠送活动，请消费者亲自见证有没有效果。

第二步，就是这个活动本身。因为预热做得好，所以活动当天现场人山人海，声势浩大。

第三步，就是通过报纸、新闻把试用产品效果好的客户案例做大肆宣传。

257

当然，最后这个方案非常成功，巨不肥的销量大增。"请人民作证"和商鞅的"立木为信"有异曲同工之妙。

与人相处时，靠谱也是很重要的一个品质。

我当初把我的文案编辑招聘进来，就是被她靠谱的品质所打动。

她之前是淘宝店的客服主管，兼职接了我的一篇文案的写作。因为是兼职写作，所以她是晚上下班后，回到家里才能写，经常半夜发资料和文件给我。有一天凌晨，她连续 3 次发文案给我，3 点发了 1.0 版本，4 点发了 2.0 版本，5 点发了 3.0 版本。

早上起来看到消息，我感到很震惊，心想为了 1500 元的稿费她也太拼了。不过我也从中感到了她的靠谱以及她对文案的热爱，也因此下定决心把她招聘进来。

很多人写出来的文案让人觉得很不靠谱，主要有两个原因：

（1）口说无凭，没有证据。

（2）语气浮夸，夸大承诺。

第一点我们在前文中讲承诺与一致时已经探讨过，下面主要说第二点：语气浮夸，夸大承诺。

你，还在迷茫？你，还在找产品？零风险！体验式！实干微商！2100 元就可以开始创业，无须支付额外加盟费！

20万名合作伙伴都已经赚钱了，你还要再等待吗？添加我的微信号：×××××，看看我的朋友圈，做不做你来决定！

这种文案的语气太过浮夸，吹得神乎其神，别人是很难相信的。

上面列举语气浮夸的例子，下面来看看夸大承诺。

从0到1创业的人大多都会经历这个阶段。我们早期也是如此，为了招揽客户，有的时候也会夸大承诺。

可一旦业务稳定下来，夸大承诺的弊端立马就会显现：有销售，没交付；承诺一大堆，兑现不了。

后来真正触动我们的，是彼得·德鲁克在《管理的实践》中的一段话，那段话是德鲁克在分析美国曾经的第一大零售公司——西尔斯的成功原因时写的。

西尔斯是在20世纪初快速崛起的零售公司，它当时瞄准了被忽略的广大农民群体。他们有庞大的需求，却没有满足他们需求的销售渠道。那时交通工具还不是很发达，农民进城采购比较困难。

所以西尔斯就针对农民提供邮购服务——定期寄给农民邮购商品目录，让他们通过商品目录来采购。（这个商品目录其实和我们文案的作用非常像。）

德鲁克在《管理的实践》中是这样写的，如下。

......

第二，需要有邮购商品目录，该目录应能解除农民无法进城采购之苦。考虑到这一点，这份目录必须定期出版，而不能像拍卖廉价商品的告示那样，无固定发布日期。必须摒弃所有传统的邮购商品的做法，学会不以对商品夸张的炫耀来诱使农民购物，而是实事求是地向农民介绍所供的商品，其目的是通过使农民相信该份目录和目录背后的公司的可靠性来建立一个长久的客户。

我们公司的所有人把这段话集体朗读了三遍。自那以后，我们就学会了克制，不去做夸大承诺。

如果你想建立一种长久的信任关系，靠谱是很重要的。那些靠花言巧语、开空头支票来赚钱的人，基本上都是打一枪换一个地方。短期很风光，长期很难持续下去。

那么在文案中，除了摒弃口说无凭、没有证据，以及语气浮夸、夸大承诺这些毛病之外，还有什么方法来体现靠谱呢？就是要把你做的靠谱的事情展示给客户看。

去年我们和品牌合作推出的定制款不粘煎炒锅，在经过几个月的测试后，终于在7月28日公开征集了试用官。一个月的公开试用下来大家都表示其不粘效果特别好，也都认可我们开团。

但是后来我们发现，这款锅在使用5个月后出现了受热不均匀的现象，在煎蛋饼时我们发现煎完后的饼有一侧会有明显变焦的情况。

我们立即和品牌方进行了沟通，了解到其实这是拉伸锅的一种通病。因为拉伸锅的加工工艺原因，长时间干烧后，锅底会发生轻微变形，从而会导致锅底受热不均匀，所以才出现了煎蛋饼时一侧正常一侧变焦的现象。

我们也询问了试用官，他们表示这不是一个大问题，而且锅的不粘性能很不错，已经比大部分的不粘锅要好很多了，都认可我们开团。

但既然我们决定要销售不粘锅，就不想将就，所以最终我决定还是不开团，继续深入研究锅具这个领域，同时留意其他锅具品牌。

现在看来，当初我们不开团的决定是对的。这一年我们和很多品牌商做了沟通，在提升自身专业知识的同时我们也发现了锅具行业的很多"内幕"，这些我在后面会和大家细细展开。

这是我们卖不粘锅时的一篇文案。文案中讲的都是真事，但是很多粉丝并不知道，所以我们要讲出来，客户就会觉得我们很靠谱。

亲密度

第三个要素是亲密度。

如何才能快速和别人建立亲关系呢？

这个秘密早就被一个叫王胜寒的网红揭露了。

如果你对葡萄酒感兴趣，你应该听过"醉鹅娘"，她是这个领域的大 IP，真名叫王胜寒。2014 年的一天，在和徐小平聊过以后，她决定创业。第二天，她发了一条微博。

要开始拼流量了！我要火！怎么样才能火？先从当一个自我生活暴露狂开始吧，我会努力的。

自我暴露就是建立亲密关系的核心。

很多不接地气的公司高管在对外介绍自己时，都喜欢用各种高大上的标签。每当看到这些，我都会叹口气，因为不是每个人都知道做世界 500 强高管、环游世界、年薪百万元是什么感觉。

但每个人都孤独过，都遇到过挫折，都经历过伤痛，只有当你跟别人分享这些时，你们之间才会更容易建立连接，才会更容易产生共鸣。

其实，你看看本书，再对比一下你买的其他文案书，应该会发现区别。这本书虽说是教你如何写文案，但里面加入了大量的我的故事和我朋友的故事，以及我的有感而发的议论等。

一些人可能会觉得本书"行文不够严谨"。老老实实教别人写文案不就好了？写那些没用的东西干什么？可你扣心自问，你更喜欢看哪种书？你对哪种作者印象更深刻？

对于一个 IP 来说也是如此。要让粉丝感觉你是一个活生生的人，才会让粉丝感觉有温度。相反，如果一个 IP 只会发布客观的信息，那粉丝只会觉得你冷冰冰的。

我们经常合作的"宝宝辅食微课堂"就是如此。"宝宝辅食微课堂"是一个教宝妈做辅食的微信公众号，粉丝超过 500 万。它的创始人是黄爸和黄妈，黄爸是一个非常严谨、严肃的人。

他写文章时非常严谨，有参考来源的内容都会注明参考来源。

有宝妈问我什么时候开始给宝宝添加辅食。

2016 年新版《中国居民膳食指南》提倡的是等宝宝满 6 个月之后再开始添加辅食，也有很多育儿指导中提倡 4～6 个月时开始添加。黄妈建议妈妈们不要只按照时间来选择添加时机，而是结合宝宝给我们发出的"信号"来决定，宝宝会告诉我们，他要开始吃辅食了。

信号如下：

（1）宝宝对吃奶的兴趣降低了，而且吃奶的时候听到其他声响很容易分心。

（2）宝宝在饭桌前很兴奋，看大人吃饭时会吧唧嘴，伸手想要抓食物，有时候还会流口水。

（3）把勺子放在宝宝嘴边的时候，宝宝会主动用上唇抿住勺子。

当宝宝发出上述其中两个信号时就可以开始添加辅食了。

给宝宝添加辅食的顺序和性状要注意以下三点：第一是宝宝的发育情况，包括咀嚼、吞咽和消化情况；第二是根据宝宝不同阶段生长发育所需的营养元素不同，我们要按需补充；第三是结合食物种类进行添加。我今天先以胡萝卜南瓜泥为例，通过性状讲述一些基础的添加要领。

针对宝宝的辅食，严谨绝对是好事，但不等于行文就要死板无趣。他的文章非常客观，里面从来不暴露任何个人感受和个人想法，不带一点主观色彩。在教程视频中，他从来不让黄妈出镜，永远只露两只手……

2017年年底，我们一起在绍兴吃火锅，黄爸问我，为什么他的微信公众号的粉丝很多，但文章的留言和点赞却很少。我说："你从不在文章里讲你的喜怒哀乐，读者凭什么跟你分享他们的感受？"

后面，他就有意识地在文章里加入自己的感受以及生活中的一些趣事，同时也会让黄妈出镜露脸。在一周内，他的文章的留言和点赞就翻了4倍。

具体在文案中我们应该如何做呢？不用很复杂，看看下面这篇多功能锅的文案，偶尔插入一句抒发感受的内容（下文加粗句子）即可。

我一直觉得，厨具的颜值还是挺重要的，它能调动人们对做饭的兴趣和热情，让下厨和吃饭变成一件十分享受的事。反正对于我而言，不管天气阴晴如何，**只要一家人还能围在餐桌吃上热腾腾的美食，笑一笑，就觉得人生幸福，有奔头。**

上次侄子来我家时想吃比萨，我就换上煎盘自己动手做了个比萨，**侄子一家人都说特别好吃，让我还小小地骄傲了一下，哈哈。**在外面买一份要 100 多元钱，自己做最多 30 元的成本，而且材料好，也没有乱七八糟的添加剂。

黄爸最喜欢用烤盘做一些鸡翅、烤肉、骨肉相连、培根金针菇卷。这些都是黄爸的最爱，在夏天吃一些烧烤，喝一点啤酒，**看着他吃得津津有味的样子，我也挺开心的。**

这种自我暴露不需要很多，但有与没有，效果会相差很远。

自我

第四个要素是自我。

在信任公式中，做到了前面 3 点，你就会很容易和别人建立信任，但同时还要克服一点，就是"过度自我"。

过度自我是与他人建立信任的一大障碍。

"我不要你觉得，我要我觉得"就是"过度自我的人"

的写照。跟他们相处，你永远只能听到"我""我""我"。他们只在乎自己，不关心他人。

一个营销高手必须清楚客户想要的是什么。

而过度自我的人，不会关注客户想要什么，他们想的只有"我的这个产品真棒""我的这篇文案太牛了"，等等。如果客户不懂他们设计的界面怎么操作，他们只会脱口而出"客户真傻"。

因此，无论他表现得多专业、多靠谱，身边的人都会感觉和他之间隔了一堵墙。（你压根不在乎我，又如何让我相信你会为了我的利益赴汤蹈火呢?）

在本书第 2 章中，我们提到了身为记账员的霍普金斯，看了一眼广告大神约翰·鲍尔斯为必胜写的小册子，就断定有问题。

从鲍尔斯过往的经历来看，他毫无疑问是一位传奇文案大师。可是一旦当他因为傲慢被膨胀的自我蒙蔽，不愿深入了解客户时，一个小小的记账员就能打败他。

弱小和无知不是生存的障碍，傲慢才是。

在这方面让我印象深刻的是高维学堂的创始人 KK（林传科）。高维学堂是一家面向企业家的培训机构，创业者在创业中遇到的各种问题，他们这里都有解决方案。

这是一家很特别的公司，完全按照瑞·达利欧的《原则》做事。他们没有自己的办公室，全员线上办公。不做任何广告推广，全靠学员转介绍，20多个人的团队，一年营收过亿元（其他做培训的同行，要100人才能取得这样的业绩）。

有一次我在高维学堂上完课后，跟KK一起吃饭，期间聊到怎么提高转化率，我给他提了一个建议："你们的课程很多，体系也全，应该推出一个选课指南（测试），在新用户做完测试之后，告诉他面临什么问题，为什么要上这个课程。"

KK很兴奋，然后说了一句让我毕生难忘的话，他说："不，我们要告诉客户，你为什么不要上这个课。"境界高低，当下立判。

当你真诚地关心客户、关心他们的利益，而不只是把他们当成赚钱的工具时，你们之间才会建立起真正的信任。

本章作业

用信任公式审视一下你的营销活动，看看有哪些地方可以改进。

第 19 章

沟通的 3 个要素

————

你有没有听过樊登读书会的讲书？樊登每周会花 40 分钟到 1 个小时的时间，给你讲解一本书。我喜欢在上下班的路上听。

得到 App 也有一款类似的产品，叫"每天听本书"，每天更新一本书，由得到的说书人团队来讲给你听。我一般在做饭的时候听。

我身边有很多人也跟我一样，是这两个产品的核心用户。我问过其中很多人：你更喜欢樊登读书会，还是得到的"每天听本书"？

你猜结果是什么？90% 以上的人都毫不犹豫地说更喜欢樊登读书会。为什么呢？别着急，看完本章你就知道了。

本章也是文案写作技巧的最后一章，教你如何增强文案的共鸣力，让你的文案充满温度。

一直以来，在学员眼里，我有一项神奇的技能——如果有人找我改文案，我甚至都不用看他的文案，就知道文案的问题是什么。

其实也没什么神奇的，我只需跟他聊两句即可。一般来说，一个人在沟通上有问题，也会在文案中呈现出来。

所以，在谈文案之前，我们先来谈谈沟通。

错误的沟通模式

在沟通中有三个基本要素：你、我、事。

这里的"你""我"指的是你的感受、我的感受，"事"就是所沟通的事情，比如下面这段话。

你这本书写得真好！看完后我受益匪浅，激动得一晚上都没睡着！不知道能不能加一下你的微信？

"你这本书写得真好"，让"你"觉得很受重视，是在照顾"你的感受"；

"看完后我受益匪浅，激动得一晚上都没睡着"，是在表达"我的感受"；

"能不能加一下你的微信"，就是说话人具体想要做的事情。

在沟通时，"你""我""事"这三种要素我们都应该关注到，一旦忽略了任何一个要素，我们就会陷入下面 4 种错误的沟通模式中。

1. 指责型：只关注"我""事"，忽略了"你"的感受，一味指责对方

一般人经常陷入的就是指责型沟通模式。遇到麻烦了就只考虑自己的感受，不考虑对方的感受，把所有的问题都推到对方身上。

明明是老板的问题，他却拍桌子吼你："都怪你当初 ×××，要不是你就不会这样了！"

过后，你主动去和老板沟通，却换来他的人身攻击："你怎么这样？""你什么都做不好！""全是你的错！"

……

2. 讨好型：只关注"你""事"，忽略了"我"的感受，一味讨好对方

陷入讨好型沟通模式的人就是常见的老好人，处处怕别人不开心，宁愿委屈自己，也要让别人觉得舒服。

这类人的口头禅是"你喜欢就好""没关系，我都可以"。哪怕自己不喜欢，但是没关系，自己的需求和感受是可以被忽略的。

其实，你越不把自己当一回事，别人就越看不起你。

而且一直忽略自己的感受，也会出问题。我们经常会见到一些脾气很好的人，突然间爆发，让周围的人摸不着头脑，实则是他们已经憋了太久。

3. 讲道理型：只关注"事"，忽略了"你""我"的感受

讲道理就是只关注事情本身，不去考虑"人"的感受，不管是"你"还是"我"都被忽略掉。很多人经常会陷入这种沟通模式。

你在公司受了委屈，回家跟男朋友抱怨，然后他给你列了 4 个选项，告诉你应该怎么做。

你打算跳槽，有两个备选公司，但是你不知道怎么选。男朋友拿出一张 A4 纸，帮你分析了一遍，可你还是很纠结，结果他不耐烦了，说："那你纠结吧，到最后哪个都去不了！"

我自己以前也是这样，有时候在讨论一件事情时，别人都让步了，我还在咄咄逼人，不顾及对方的感受。

之前我还很自豪，以为这叫客观和中立。后来我才明白，这世上压根就没有"对事不对人"这回事，永远是对事又对人。抽离感情的沟通，也不叫客观和中立，这叫"没有人性"。

4. 打岔型：谈论别的话题，忽略了"你""我""事"

这个可能不太好理解，不知道你身边有没有这样的人，就是你跟他谈论一件事时，他总是不正面回应，而是扯一些无关的事情；或者是别人正在谈论一件事时，他突然插

进去谈论另外一件和大家都不相关的事情。

我组织了一个线下聚会，给一帮读者分享文案，讲得正兴起时，你站起来拍了拍肚子说："我中午吃得很好，旁边那家店的鱼香肉丝真不错。"

你可以想一下，自己是不是也这样呢？如果你经常陷入某种沟通模式，那你的文案大概率也是如此。

这里我要重点说一下第三种错误的沟通模式，即没有"你"、没有"我"，只有"事"的沟通。

很多人在职场中都会陷入这种沟通模式，把别人得罪了，自己却不知道。尤其是在商务对接中，这是大忌。

举个例子，我的一个文案编辑很感性，有一次她发了一篇文案给我，我看完之后，发消息给她："你看了这篇文案会买产品吗？"

结果，过了两个多小时她都没有回我。我当时心想，糟了，她肯定是受打击了。然后我就再发消息说："我没有责怪你的意思，我只想知道你对这篇文案有没有信心……"

其实，如果我当时说"你看了这篇文案会买产品吗～"就会好很多。看似只是把一个问号换成波浪线，实际上是让对方知道我不是在生气。

这就是文字沟通的问题所在。当你和别人面对面聊天时，别人可以通过你的表情、语气、肢体动作，来判断你的心情和感受。而通过文字聊天时，如果你的文字里，不带表情、不带符号，别人是没有办法揣测你的心情和感受的。

比如我们之前合作的一个老师，曾发文"怼"我们的课程总监。

媒老板获客学堂的第一个课程总监是佳璇，说实话，我们的第一次合作并不那么愉快。那个时候，她还没有毕业，来催我写文稿："还有几个小时今天就结束了，是我通知的时间还不够早吗？"看到这句话，我真想摔门而走。

……

这句话谁看了都会生气，但是课程总监觉得自己很无辜，这就是"把别人得罪了，自己还不知道"。

如果你去观察那些很厉害的商务公关人员，就会发现他们很容易和客户打成一片，嘻嘻哈哈地就把生意做成了。

而那些刻板、死脑筋的人去做商务公关，一通操作下来，自己和对方都叫苦连天。你去翻看他们的聊天记录就会发现，里面充满了各种不带感情的命令式、机器人风格的沟通。

张总，身份证号发我一下。

这个价格不行，太贵了，我们做不了。

最近还有档期吗，能不能给我们插一条？

公司资质、名片、个人介绍发我一下。

你先休息，明天早上 8 点来接你。

你看下手机，把验证码发我一下。

……

心里有他人的人，才是一个有温度的人。

正确的沟通模式

讲了这么多错误示范，那正确的沟通模式是什么样的？就是"你""我""事"这 3 个要素全部具备的沟通。

沟通的 3 个要素不是我瞎编的，而是来自于"萨提亚沟通模式"，不过我可能是第一个把它用在文案上的人。

教会我这套沟通模式的，是在行上一个叫徐建春的老师。2017 年我刚开始创业的时候，通过一个项目赚了 1 万元钱，于是我就花了 8000 元钱约了徐建春老师的私教服务。

我们约的是每周四中午 12 点在海淀的一个咖啡馆见面。有一次我先到了，坐下来之后，我就用微信给她发了 5 个字："老师，我到了。"

后来徐建春老师就提醒我："老师，我到了"这种沟通方式是有问题的，就是典型的只有"事"的沟通。

她和我讲了一个叫范秦的行家约她的经历，范秦老师之前是百度的明星级产品经理。

当时范秦老师也是约徐建春老师中午 12 点在那个咖啡馆见面。范秦老师发的信息如下。

建春老师你好，今天天气好好呀，好期待见到你。我刚刚从地铁站出来，现在骑一辆小黄车过去，还有 10 分钟到，你不要着急，慢慢来。

我帮你解读一下。

"建春老师你好，今天天气好好呀。好期待见到你。"

阳光明媚，天气晴朗，范秦老师铺垫了一个很好的聊天氛围。一个人对你说"好期待见到你"时你是什么感受？

"我刚刚从地铁站出来，现在骑一辆小黄车过去，还有 10 分钟到。"

范秦老师用一句话交代了时间、地点、交通方式：我从哪里来？地铁站。我怎么过去？骑着小黄车。还要多久？10 分钟。

"你不要着急，慢慢来。"

我不是在催你，你不用着急，慢慢来就好。

这就是"你""我""事"全部具备的沟通。你再对比我那 5 个字"老师，我到了"，简直是天差地别。

你想象一下，如果一个人在工作和生活中的每一次沟通中都是这样，那这个人得有多厉害。

当然，这不是天生的，需要你持续练习。

你可能会问，上面这些案例跟卖货有什么关系？关系大得很。回去翻看一下你的客服和客户的聊天记录，看看有多少毫无感情的命令句。

想了解游泳还是健身？

建议买三盒，现在买三盒有优惠，299 元。

今天还有最后一个优惠名额，现在支付还能享受优惠。

贵吗？如果花这点钱能解决便秘问题，200 元完全不是什么大问题吧。

……

客户被你的广告打动，兴冲冲地跑过来，期待着你能满足他的需求，结果却"撞在一堵堵冰冷的墙上"，购买欲望瞬间消失。

之前我在给黄妈家做咨询时，他们也遇到类似问题。客服和客户沟通时太死板，转化率不高。我强制要求他们说的每一句话都要包含沟通的 3 个要素，结果一周内咨询转化率提升了 24%。建议你也试试这种方法。

让你的文案充满温度

文案也是一样。

市面上有太多的文案都是只讲事情，没有人的感受在其中。因为太普遍，以至于你会觉得这就是正常的。看完这一章后，你就会明白，这些文案都是没有情感的残次品。

举个例子，下面是一篇卖九型人格线下培训的文案。

九型人格是拥有 2000 多年历史的古老智慧，是一把破译性格密码的钥匙，是一套自我认识的有效工具，同时也是一种管理他人的领导艺术。通过九型人格，我们能看透人的喜怒哀乐，发现人的真实的、根本的需求和渴望。

××老师在线下课中，会围绕他对九型人格的研究以及过去多年来的亲身体验，教大家如何把九型人格运用到生活中。

……

第四大价值：幸福婚姻

民政局的一项调查表明，许多夫妻离婚的第一理由是"性格不合"。高源老师说："没有不合适的性格，只有不合适的执着。"任何两种性格的人，只要了解了彼此，就有机会走向幸福。婚姻中，懂比爱更重要！

……

你能从文案中感受到什么？反正我什么也感受不到，因为作者通篇都在讲道理，而没有讲他自己的经历和感受。

具体应该怎么做呢？很简单，在你的文案中，增加

"你""我"这两个代词，和"你"进行互动，讲讲"我"的经历、感受。

你可以去看一下上一章中多功能锅的文案，从文案中你就能感受到夫妻二人的甜蜜。所以，你要在文案中注入经历和感受。只有这样，读者在看你的文案时，才会觉得像是一个真实的人在他面前讲述自己的故事。

把你的个性融入进去，只有这样，你的文案才具备独一无二的亲和力。

最后回到我们本章开头所说的樊登读书会与得到的"每天听本书"的区别，就在于此。

得到的"每天听本书"只是在讲述事情。说书人从头到尾、字正腔圆地给你讲：书的作者是谁、主人公是谁、创作背景是什么……

你好，欢迎每天听本书。本期为你解读的是《吉迪恩的号角》，副标题是"一个穷困潦倒的囚徒是如何改变美国法律的"。这本书的中文版约有 25 万字，我大概会用 24 分钟为你讲述美国法律历史上具有里程碑意义的"吉迪恩案"，来了解美国的贫困阶层是怎么在刑事诉讼中免费获得律师的司法援助的。

"吉迪恩案"发生在 20 世纪 60 年代，全称是"吉迪恩诉温赖特案"。吉迪恩本来因为被控入室盗窃而被起诉，在庭审过程中，他曾请求法庭为他免费指派一名辩护律师，但遭到了拒绝，最终他被判处 5 年监禁。在服刑期间，吉迪恩向美国联邦最高法院递交申诉书，声称自己被剥夺了"律师帮助权"。联邦最高法院决定将案件发回重审，并最终确立了"法院应当在刑事诉讼中为贫穷被告免费提供辩护律师"的审判惯例。美国宪法中"人人有权获得辩护"的基本原则也因此在这个案件之后得到确立。

······

上面这几段文字没有什么情感，换成其他任何一个说书人来讲述，也没有区别。再来看看樊登读书会的文案。

各位好，今天我们要讲一本你们很有可能买不到的书，叫作《扫除道》。为什么这么说？这要谈及我们讲过的另外一本书，那本书叫作《匠人精神》。《匠人精神》和《扫除道》是由同一个人介绍到中国的，这个人叫梁正中。他是国内一个非常著名的投资人。他在日本学习的过程中，发现《匠人精神》和《扫除道》都是非常宝贵的东西，于是就把它们引入了国内。

那天我专门约见了他，他跟我讲："谢谢你们帮我们讲了《匠人精神》，一下子卖了好多，现在大概都卖到近百万册了，但是我很失望。"我还没听说过一个人卖书卖了很多册，结果反倒失望的。他说："因为我看到了很多人都买了这本书，回家后放在书架上，就把这个事抛到脑后了。"匠人精神成了一时的热词，所有的企业都在学习匠人精神，倡导匠人精神，但是很少有人真的去践行匠人精神。

他认为匠人精神是秋山木工的灵魂。一个公司只有具备了这样的一个以孝道为核心的匠人精神的灵魂，才有可能真的把它应用到公司的方方面面去。所以，他觉得卖书不是我们的目的。后来，当他引入《扫除道》这本书的时候，他做了一个惊人的决定，就是他个人花钱买下了出版社所有的印书。

买下之后，他把这些书都放在自己的库房里，只有你来参加"扫除道"的活动，你跟着他们一起蹲下身子来打扫一个小便池，打扫一个大便池，或者打扫一个洗漱台时，你才能够得到一本书，一下子就把拿到这本书的门槛提高了很多。

当然，这对于我来讲是很新鲜的一件事，我从来没见过有人这样卖书的。不过，我愿意支持他，因为在我读完了这本书以后，被它深深地打动了。键山秀三郎在日本之所以有如此大的影响力，就是通过"扫除道"的活动让日本变得更加整洁干净，同时让人心变得更加团结凝聚，而且他坚持了整整60年的时间。

所以，今天我们来讲讲键山秀三郎的故事。

在讲这本书时，樊登讲了自己的经历和感受，而不是在讲冷冰冰的"时间、地点、人物"，这样就让文案变得鲜活起来，有了温度。

你把樊登换掉，让其他人来讲试试？这些经历和感受是和樊登个人密切相关的，其他人来讲效果就不一样。

当然，得到的"每天听本书"也不完全是上面那种风格。它的品牌解读人，比如怀沙、朱伟等，都是很受用户喜爱的讲书人，他们无一例外都是樊登这种风格的，在讲述中把"你""我""事"这3种要素都囊括在内了。

每次讲到"沟通的3个要素"时我感触都很深。这些年来我接触了几千位学员，有身价不菲的企业老板，也有还没毕业的中专生。

我发现了一个很明显的问题，就是一个人越是成功、社会地位越高，在讲话和写文案时，就越敢于去表达自我。他的沟通和文案都会带有很强的个人风格。

而那些刚进入职场，或者是在职场中不如意的人，在讲话和写文案时就会很拘谨，畏手畏尾，不敢去表达自己的真实感受和想法。换句话说，他们没有办法活出自己。

我不是想讴歌成功者，也不是想拉踩不如意之人。

恰恰相反，我是想说，不管你的处境如何，在与他人的交往中，都要既关心对方、在乎他人，同时又勇于表达自己的感受、展现自己的性格。这样你才能活出自我，也更容易打造自己的 IP。

"你""我""事" 3 个要素全部具备，用这种方式进行沟通，最终才能达到萨提亚沟通模式所倡导的 "身心整合，内外一致"。

本章作业

拿出你之前写的文案，用沟通的 3 个要素来重新审视一下，看看应该如何修改。